キリスト教諸教会とデモクラシー

山本俊樹・大澤麦 訳

The Churches and Democracy

A.D.Lindsay

聖学院大学出版会

目次

凡例

（一）本書は Alexander Dunlop Lindsay : The Churches and Democracy, The Epworth Press, London, 1934 の全訳である。

（二）最初、第一、二章は、大澤麦が、第三、四、五章は山本俊樹が分担して訳したが、最後に山本が全体を見直して言葉の統一をはかった。

（三）訳注は（　）で示して、訳文の末尾に付した。訳注は、大澤が最初に原案を作り、その後（30）、（35）他を山本が書き加え、さらに必要と思われる部分に加筆した。

（四）解説、あとがきは山本が記した。

（五）訳者が必要に応じて加えた補足的文章は、すべて〔　〕で囲んで、文中に挿入した。

（六）聖書からの引用は、一部の例外を除いて「口語訳」（日本聖書協会）に依った。

キリスト教諸教会とデモクラシー

第一章

特定の統治形態が存在することによって教会の実質が変わることがあるものでしょうか。もしそうであればキリスト教と民主制との間、あるいは他の政治的統治形態との間に本質的な関係があると言えるのでしょうか。このことがあるために現在キリスト教会は民主制が攻撃されているので必死になってそれを守るべく努力しているように感じられるからです。

この予備段階としての問いに対しては多くの人がためらうことなく、否、と言いたいと思うでしょう。教会は、勿論社会の諸問題に身を入れるべきだという点では、この人々の意見は一致するでしょう。教会の主である方は、自ら人々のたましいに劣らずその身体についても配慮されました。ですから、イエスに従おうとする人々は、スラム街の悲惨、貧困や退廃を目にすれば、どうしても心が動かされます。ところが、政治的統治形態と言えば確かに事柄は別のことになります。

この問題に関して申せば、この場合には、カイザルのものはカイザルに返すべきです(1)。市民としては、言うまでもなく、私たちは政治に心を配るべきです。それは結局、政治的統治と言っても、私たちが生きている時代と、イエスの生きた時代との統治の仕方が本質的に異なっているという問題があるからです。私たちが、その下で生きる統治形態では、全市民の能動的な協力が要請されますが、イエスの時代の統治下では権威に対する受動的な黙従のみが必要だったという違いがありました。そして、その違いはキリスト教とは関わりはないという主張も可能でしょう。カール・バルト博士[2]は昨今の論争の最中に次のように述べて反抗心を抱くルーテル教会の牧師たちを当惑させたと言われています。博士は、牧師がたが教会と国家社会主義とを混同すべきでないのは当然だが、同様に、教会と自由主義が同じものだと考えることがないように気をつけていただきたい、と申しました。また、バルトはその闘争の出来栄えは教会とは無関係だとも主張しています。これが全教会が歴史を通じて政治組織に対してとった態度ではなかったかと反論が出てもおかしくありません。

教会は政治が自らの関心外であると考えてはきませんでした。教会は政府に向かって、そのなすべき責任を果たせ、公義を行い、慈しみを重んぜよ、と執拗なまでに求め続けてきました[3]。教会は悪行に抗議し、権威者が明らかに神の戒めにそむいて行動した時は、時折、その権威を拒絶しました。ところが教会は、甲の統治形態の方が、乙のそれに勝るとまで積極的に踏み出して言うべきだとは考えませんでした。

第二の問題としてキリスト教と民主制に限って申せば、教会が政治的統治の性格に関わってきたかぎりでは、教会は君主制的また権威主義的な制度にくみして力をふるって来た、と実際に主張しようとする人々がいます。キリスト教諸教会はその本質が反民主主義であるとさえ論じられています。たとえば、レナード・ウルフ氏(4)ですが、(実際はこのように明らかな偏見を持つ証言者に対しては、あまり重きを置かなくてもよいのですが)その著書である『大洪水の後に』の中で、民主主義とキリスト教の教条主義的また権威主義的な土台との間には根本的な矛盾があると主張しています。私はウルフ氏の見解については、あとでさらに申し上げたいと思います。

ただ、ある教会の関係者たちの間では、キリスト教と自由主義とは本質的に相容れないと言われてきたということは認められるべきでしょう。ほぼ、前世紀［十九世紀］中にヨーロッパ大陸で整備されたキリスト教会は、大体においてフランス革命の諸原理に批判的でありました。ヨーロッパ大陸においては、少なくともフランス革命の精神に根ざす民主主義は結果として、圧倒的に反キリスト教的なものとなって行きました。ある著明なイタリア人亡命者は私にこのことを次のように述べたのです。「ヨーロッパ大陸では、民主主義者であれば、その人は例外なく反宗教的になるしかありません」。

しかし、こういった一切のことに対してもう一つの面があります。この問題にはいかなる一般化も役立ちません。これはトレルチが、その偉大な著作『キリスト教諸教会および諸集団の社会的教説(5)』の中で豊富に示してくれているとおりです。ルターは、教会および国家間の関係の教理を教えましたが、その結果ルター主義は統治の諸形態について全く無関心となったか、はっきりと反民主的になりました。しかし、ルターの、全信徒が霊的祭司であるという宣言は、カルヴァンの影響の下で、また、それ以上に特別に再洗礼派の教えや実践をとおして近代民主主義の源泉となりました。ローマ・カトリック教会は、たしかに、しばしばその教会自身がそうでありますように、政治組織は権威主義的で君主制的な構造を持つべきだという考え方に立とうとしました。しかし、アングロ＝サクソン世界では、政治組織は民主的社会に順応できるということが充分に示されてきました。ともあれ、ローマ・カトリック、ギリシャ正教、ルター派、英国国教会主義についてどのようなことが言われましょうとも、イングランドの非国教徒たちに対して、キリスト教は少なくともその一つの形態において、西洋民主主義の変わることのない原動力であったことを否定するかのようなものの言い方はだれもできません。

トレルチは、先に言及した書物の最終的な要約で、キリスト教がその歴史の道筋の中で二つの大きな主流となった社会哲学を発達させたと申します。その第一は中世カトリシズムの社会哲学であり、第二は禁欲的プロテスタンティズムと彼が呼ぶ社会哲学ですが——これはカルヴィニズムとプロテスタント諸派の所産なのですが、——これが彼の見るところではグレート・ブリテンと北アメリカで優勢な社会哲学として継続しています。後者について彼が述べることは逆説的で興味深く思われます。この社会哲学は近代の合理主義や功利主義と著しい親近性を持っていて、この諸勢力と結びついて十九世紀の自由主義を生み出しました。トレルチは、マックス・ウェーバーが詳細に説きあかした見解、すなわち、その社会哲学は天職としての労働にともなう義務を強調することにより、また労働はそれ自体の故に称揚されるべきことだ、という考え方をとおして、資本主義に必要な徳目をもたらした、という見解に同意しております。しかし、その社会哲学は、「個人の責任、隣人や共同体への愛の義務、また贅沢や快楽追求や拝金主義への攻撃、またとりわけ、キリストに仕えるためのたゆまない勇ましさなどという宗教的考え方をとおして、近代生活につきものの道徳的危険性といかに格闘するか」を知っておりました。おそらく最も注意を引くのは、トレルチがこのキリスト教社会哲学と「フランス革命から発展した合理的かつ抽象的な啓蒙主義哲学」との間の親近性を主張する一方で、その合理主義への唯一の本物で重要な対抗勢力をこの社会哲学の中に見ているということです。彼は申します、「今日の社会的葛藤は、それが霊的対立であって原理原則に関するものである限り、共同生活についてのアングロ＝サクソン的カルヴァン主義の理念とフランスの合理主義的民主主義との間の対立に関係する」と。もとより、以上はすべて〔第一次世界大〕戦前の一九一一年、今から二十年以上も前に書かれたことです。しかし、その後に起きた出来事は、この社会哲学についてトレルチが最後に述べたことが正しかったことを、確かに示していると思われます。一方これについて私は注意を喚起したいと考えるのですが、彼は次のように考えたと思います。つまり、その社会哲学の仕事の大方はほぼ果たされていて、一方新しい経済秩序は禁欲的プロテスタンティズムが提供できる以上のものを必要としていて、新しいキリスト教社会哲学が私たちには必要であるということです。

私は、本日の講演で、このトレルチの見解を検討してみたいと思い、さらに、次のことを問いただしてみたいのです。（1）自由諸教会は民主主義に対してどんな貢献をしたか、また、（2）その自由教会の貢献の仕方は哲学的急進主義の貢献とはどこが違っていたか、そして最後に、（3）自由諸教会は、今日民主主義が直面している諸問題に対してどういう貢献をなすべきなのか、ということです。

広い意味での歴史的事実を思い起こしながら、最初の論点について、議論を始めましょう。十九世紀の民主主義は、主として二つの大きな出来事から生み出されました。アメリカ合衆国において起こった実例とフランス革命です。合衆国の民主主義は、フランス哲学の影響を受けてはいますが、疑いなくニュー・イングランドのピューリタニズムに遡り、それはさらに十七世紀イングランドのピューリタニズムにまで遡るものです。フランス革命の諸原理――カーライルはこれをジャン＝ジャックの福音と呼びましたが[6]――も、ロックを経て十七世紀にまで遡ります。ですから、近代民主主義に影響を与えた二大勢力は、別々にではありますが、十七世紀イングランドの中に共通の源泉を持っております。しかし、十七世紀イングランドには、民主主義に影響を与えてきた二つの大きく異なる動向がありました。第一がピューリタニズムで、第二は自然科学です。ピューリタニズムと十七世紀の自然科学とは、ともに個人主義であるという点で似ていますが、それは、はなはだ異なった仕方で似ております。ピューリタニズムの個人主義は人間の協力関係の中の個人主義ですが、科学のそれは原子組織の個人主義です。科学的個人主義の主唱者はトマス・ホッブズであります。彼はベンサム、また功利主義や、古典経済学者たち、またそれ以前のフランスの哲学者たちにおいて大変顕著にあらわれる抽象的個人主義の元祖です。彼は物理学をモデルにして社会理論の構成を試みてみようという流儀——以来ずっと異なった影響力を振るい、他方いつも同じような不幸な結果をもたらしながら持続していった流儀——を始めた最初の人でした。また、もし「社会理論が物理学のようなものであるべきだとしたら、人間の本性はどう考えねばならないか」という衝撃的な問いを発した最初の人でありました。ここから表れたのが全く同一の構成単位から成る社会という概念であり、これが哲学的急進主義の抽象的平等主義を生み出した代物でありました。[7] 自然科学の名声が増すにつれて、その影響力も強大となりました。ホッブズ自身は見事に首尾一貫した思想家でありましたから、このような科学的個人主義と民主主義との関係については冷静そのものの目でとらえていました。ところがロックは、ピューリタニズムの真の民主主義的な見解とホッブズの科学的偏見とを混ぜ合わせました。ロックに端を発してこの両要素の組み合わせが——それは実際には首尾一貫していないのですが——フランスの学理となり、その後「ジェファーソン民主主義」へと移り変わりました。

十七世紀のピューリタンたちが民主主義についてどのように考えていたかは、グーチ博士の『十七世紀におけるイングランドの民主主義の諸思想』[8] に目をとおすか、もしくは、「ニュー・モデル」軍のアジテーター側と、クロムウェルやアイアトン側との間で行われたあの忘れ難い討論を研究すれば、誰にでも理解できます。その討論は「クラーク文書」に記録されています。[9] 私は、今この際この討論自体に立ち入るつもりはありません。それよりもむしろ、その討論の場にいた人々の経験とその後継者たちの経験が民主主義の発展に対して大変目覚ましい貢献をしてきたのですが、何が特にその経験の中にあったのかを問題にしたいのです。特に検討すべき点として、私は次の三つのことを選びたいと思います。

(1) 全信者が霊的祭司であるという教義に含まれる人類平等の原則について。(2) より大きい普遍的な社会を構成するその単位としての小さな集まり——集会の重要性について。(3) 自由教会の概念の中に含まれる、教会の機能と国家の機能との間の関係についての考え方が、それであります。

(1) 人類平等の学説は、歴史的に桁はずれに重要なものだったのですが、ひどく誤解をうけやすいものであります。それは、時々、人々は皆似ているが、それはそれだけの数のエンドウ豆のように似ているばかりか、同じ数のボタンのようにそっくりだと主張していると受け取られてきました。実際その学説は、まさにこの量的平等と同一視されることがあまりにも多くて、一、二年前「モーニング・ポスト」紙に掲載された政治問答などでは、人びとが異なっているのは明らかな事実だと指摘するだけで、この学説の間違いを論破できると公言したほどです。もとより、それは愚かな議論の仕方であります。論理学者でしたら、物というものはそれぞれが別個の物でなければ平等であることはできないと答えるでしょうから。また物はある程度異なっていなければ別個とは言えません。けれども、このばかげた議論の起こる理由はといえば、人類平等の学説の擁護者の中に、この学説はどの人間も実際に目指すものは皆等しいのだから、人間間の違いなどは無視してもかまわない、という意味なのだと主張する人々がいたということです。この学説がそのように理解されてしまいますと、それはあらゆる基準や価値の否定を意味していると受け取られても仕方がありません。

もしある人の意見がもう一人の人の意見と変わらないものなら、もし私たちが能力や思慮分別や技能――さらに頼もしさとか、親切心とかあらゆる種類の長所とかの違い――を否定せねばならないのでしたら、私たちは単なる愚か者になるばかりか、人生や社会を価値あるものにしている一切を否定しているのです。もとより、そのような学説を全面的に信じ切っている人などは一人としているはずはありません。しかし、人々は次のように考えていることがよくあります。それは、民主主義は次のことを信じるよう要求するものである、すなわち、人間同士の間に能力や思慮分別や善良さ、その他、あらゆる点において差異があるとしても、それはほとんど一般に考えられているほど大きいものではないし、せいぜい、その差異は不平等な教育や社会的環境の結果であって人為的なものであると言えるということです。以前に経験したある少人数指導制のクラスの中では、ある者を合格させ、ある者を不合格とする試験は非民主的であるという意見が述べられていました。どんな民主主義者でも、すべての人間がすべての仕事に平等に長じているといった見解を絶えず抱くはずはありません。相当な手職人ならだれでも、自分の仕事をだれかほかの人が自分と同じように巧みにやれるなどとは一瞬たりとも考えないでしょう。ところが、かなりの数の民主主義者が、自分自身は全く知らない仕事なのに民主主義の原理に即して考えれば、だれにも劣ることなしにそれはできるはずだと考えます。この学説が偽りそのものであることを見てとることは簡単です。ただ、不可解なことは、そもそもなぜ、誰かがそんなものを信じてしまったかです。私のできる唯一の説明を申し上げましょう。哲学的急進主義は、社会学を物理学の中にもぐりこませたいと思って、社会を構成する人間というものは、確かに物理学の単位同様の抽象的な同一の原子なのだと信じこんだのです。と申しますのは、人間をそのようなものとして処理することができると、初めて社会学は、自分たちが夢みている種類の科学になれるからです。

しかし、人類平等ということは必ずしもすべての人がすべての能力において平等であるとは限らないとしますと、それは何を意味するのでしょうか。人間の中にある疑いようのない差異、つまり、天性や気質や能力、そして、あらゆる種類の業績の違いに関しての人間の相違に正面から向き合うとしましたら、どのように申したら人類平等の教義を支持できましょうか。それはただ次のように言える場合だけです。すなわち人は、どのように違っていても、ただ一つ共通なものがあり、それは無限に貴い値打があるので、それに比べたら人の間のあらゆる違いは問題にならない、こう言えたらいいのです。それがまたキリスト教の解答です。人間は皆一人の天の父の子どもです。人の中の最も貧しい人たちでさえ、「最も小さい者ではあっても私の兄弟のうちに入る」[10]と記されてきました。時折言われることですが、人は皆救われるべきたましいをもっています。言いかえれば、人間はすべて「キリストがそのために死んだ人々」[11]なのであります。この民主主義の信仰がウォルター・リップマン氏の最近の論考の中に見事に表現されています。その中から少し引用してみます。

この感覚の中にはこの世的な分別は全く存在しません。というのも、その感覚は心の語りかけによるからです。「あなたがおり、あなたの隣人がいます。たとえば、あなたは彼より生まれが良く、金持ちで、力も強く、顔だちもよいとします。そればかりか、あなたの方が彼より善良で、賢く、親切なので、人に好かれます。あなたは彼より多くを他の人々に与えてきましたが、他の人々からは、その人よりも僅かしか貰っていません。知性、善良さ、実益性といった、いかなる尺度ではかっても、あなたは明らかに彼よりもまさっています。しかし——不合理に響くかも知れませんが——こうした差異などは問題になりません。というのは、その人のぎりぎりの所は、人が触れることも比較もできず、かけがえがなく、『普遍的』だからです」。あなたはこのように感じることもありましょう。感じないかも知れません。そう感じないとき、この世が優れたことだと認める数々のことは、海の山なす波のように思われましょう。しかし、そう感じるとき、こうしたことなどは涯しない大洋の上のはかないさざ波でしかないでしょう。人間は、民主政治の可能性を想像するずっと以前からこの感覚を持っていました。人々はいろいろな仕方でこのことを述べましたが、この感覚の極めて重要な性質は仏陀からはじめて聖フランチェスコ、あるいはホイットマン(12)に至るまで同様であります。神の目から見ればすべての人の内なる生命は貴いという教義、イング首席司祭(13)が最近述べた言葉によれば、「それぞれの男女の人格は神聖であり不可侵である」という教義、を証明する方法はありません。その教義は神秘的直感から来ています。人間の可視的な性格やふるまいの背後に、またそれから独立して存在する、ある霊的な実在があると感じられます。私たちはこの存在が実在するという科学的証拠を持ちませんし、当然それは持ちえません。しかし、私たち一人びとりは、疑問を抱くにはあまりにも確かなこととして、私たちについての計量や、比較や、審判のその一切が終わった後に、何かが後に残ることを知っています。そしてそれが問題の核心です。(14)

人間性についてのこのような見解が民主主義の基礎です。けれども、その見解があれば自然に民主主義に行きつけるのではありません。というのは、その見解を十分に受け容れている人でも、統治の具体的な問題になると、人間の能力の差異が関係してくると主張し、人間の平等とは、すべての人が大切にされるべきだと言えても、すべての人が管理者の側に加わることではないと主張するかもしれないのです。また、ひとたび頭数を数え出し、人々に平等な投票権を与え始めれば、私たちは人間間の差異を否む誤れる民主主義に屈服することになると主張するかも知れません。もう一度、リップマン氏から引用したいと思います。

霊感を重んずる民主主義者が「金や宝石など全く取るに足りない」といいました。すると融通のきかない民主主義者は、だれもが金や宝石を所有すべきだと彼が言っていると理解しました。霊感を重んずる民主主義者は「人の美しさは表面だけだ」と言いました。すると、融通のきかない民主主義者は喜んで「私は常々自分はあなたに劣らないほどハンサムなのではないかと思っていました」と言ったのです。理性や英知や教養や博識、こうしたものは霊的理解力を持つ人にとっては、ただ、うつろい行く世の中の過ぎ行く出来事を取り扱うだけのものであって、世界の創造の究極の意味を人々に推測させる手助けにはほとんどなりません。頭の固い民主主義者にとって、理性のこうした無力は、人の理解力は生まれつき同様であることの証拠でした。こうして、民主主義の原初の直感が、人間間に異なった価値の種類が存在し得ることを否定する哲学の主潮になったのです(15)。

もしこの民主主義についての超自然的直感がこれだけで終わるものだとしますと、これが実際の民主主義に対して何か役に立つことがあるということは明らかでありません。リップマン氏の言葉は、実際、神学的にはカルヴァン主義的というよりむしろルター主義的であります。

ところが、もしこの民主主義の基本となる直感が全信者が霊的な祭司であることを信じるという形を取り、しかも、その霊的祭司の精神が十七世紀のピューリタンたちの場合と同じように真面目に受け取られますと、今まで述べた以上のことが起こります。神はご自身の目的を個々人に啓示される、という信仰が表れてきます。個々人の良心の権利の教義や内なる光の教義(16)が表れてきます。これは、ある人の意見はもう一人の人の意見とそう違わないと述べることとは異なります。ピューリタンたちは、人間が自らの愚かな空想を神の声と容易に取り違えるものであること、霊的祭司制は特権であると同時に責任でもあること、そして、霊を見分ける天賦の才能を働かせる事は容易ではないことなどをよく知っておりました。神の導きと個人の特異性が生み出したものとをどのように識別したらよいかは、決して易しい問題ではありません。また、神の霊はその好む所に吹く[17]と言われるけれども、一方、理性や権威や学識の働く余地も認めうるということをどうやってはっきりと理解したらよいかという問題も易しくありません。けれども、「信者はすなわち祭司である」という言葉の中に含まれる規準を適用することがどんなに困難であっても、そして、信仰と知識——無学で文字の読めない聖徒に啓示されるものと、技能や学識に関わる事柄——の境界を定めるために苦心しなければならないことがどれほど残っておりましょうとも、この教義は私たちに次の二つのもの、規範——神の意志、何かしら絶対的で普遍的で没人格的なるもの——と、信仰——その規範の実現に対して普通の男女に貢献できるものが何かあるという信仰——を与えてくれます。私たちは自分の考えを判断する場合に、自分の欲望や空想ではなく、神の意志に従うという原則に基づいてそれを行うべきであります。それがそれぞれの人の個々の良心の義務です。しかし、人間の弱さのために、その義務がきちんと果たされないことがよく起ります。その時には、「信者全体」という語句に含まれている二つ目の規準があります。聖書は私的に解釈すべきではありません。神の個々人への啓示は、交わりへとそれがゆだねられねばなりません。「クラーク文書」の中でクロムウェルは次のように述べております。「このような会合においては、われわれは神に仕え、われわれ一人びとりの中に語られる神の声に耳を傾けるべきだと言われてきた。それがわれわれの重大な義務だと私は認める。しかし、何事であれそれが神からのものとして語られる場合には原則は次のように言えると思う。ほかの人々に判断させなさい」[18]。このことは、当然の事として、私たちの第二の問題点――普遍的社会の単位としての集会の重要性――に道を開くのです。

(2)十七世紀イングランドの民主主義に生命力を与えたのは、再洗礼派と独立派、そして最後に、クェーカー派でした。これは、単に彼らが全信者が祭司であるという教義を、他の人たちよりも文字どおりに、またより中心的に受け容れたということではなく、彼らが自治的な集会を強く求めていたためです。それは、実際的なまた事実日毎の経験として、彼らには自分を超えた共通の目的によって結びつけられていた交わりがあったということなのです。その目的に対して、それぞれすべてのメンバーに何かしら貢献できるものがあるのだということがわかったのです。それゆえ、彼らにとって民主主義とは、それが現実そのものとなった具体的経験と切り離せない神秘的な直覚だったのです。それがどんなに光を与え、霊を鼓舞する統治形態になり得るかを、彼らは知っていました。そこでは、経験や個性の差異は、共同行為を阻害するどころか、かえってそれを豊かなものにするのです。また、そこでの共同行為は、個人の多様性、そして、個人の貢献や義務を画一的に管理し抑圧するどころか、かえってそれを支援し、調和が生み出されるために役立つのです。大きな規模の非民主的な組織や機構ではなく、この持続的で広い範囲に及ぶ日常的な民主主義の経験のみが、社会を真に民主的にするのです。大規模な民主主義が小さな交わりの民主主義ほど満足なものに決してなり得ないのは、まさにその大きさの故に、個々人の独特な貢献の余地が見出せないからなのです。個々人の間の差異は、巨大な組織とそれが求める画一性を前にするときには、ほとんど問題にならなくなります。もし大規模な民主主義がこうしたより小さな社会の細分化された諸部門ぬきでやってゆこうとしますと、それは不可能な仕事を抱えこむことになります。大規模な行政の複雑で困惑させる仕事をこなせる技能や特別な知識を身につけた少数の専門の行政官を選ぶことが、たかだかできるぐらいです。それは、無駄の多い非能率的な統治形態に簡単になってしまいます。

しかし、その小さな交わりは茫漠とした交わりへと実際には広がることができず、しかも民主主義が生き生きとした成功をおさめるためには小さな民主主義的な共同体の生命力を必要とするのでしたら、そのような共同体はそれ自身の真の生命と目的とを持たなければなりません。そして、その共同体にそのための余地が十分残るように共同体とより大きな組織との関係は定められねばなりません。

さて、私たちは自由教会を問題として考える所にきました。

（3）ある特定の人が集会の中に自らの場を見出すのは、そこに神の目的があり、集会の交わりの中にその人に対する召命や義務が存するからですが、それと同様に、集会や教会には、——明瞭に論じるために今はセクトと呼んでおきましょう。——そのセクトには、社会生活の中で演じるべき独特の目的があります。そこから初めて寛容の原理が生まれます。寛容は無関心や妥協の産物であって、理想である統一が達成できなかったので、仕方なく受け入れられた消極的原則と言い表わすことができるかもしれません。しかし実際には、寛容はその種のものとは全く異なります。それは、霊的万人祭司の原理から直接に導かれるものであり、神の諸目的が達成されるためには多種多様なあらゆる異なった天賦の能力が必要であるという信仰、組織の目的は霊的な生活を（画一化しないで）解放して調和させることにあるという信仰からくるものです。

もしこれが真実でしたら、それならばキリストの心は画一化されるよりも、多様性のある生活の中にこそ一層真実に表れ出てくるでしょう。ある特定のタイプの組織、ある一人の人間、ある一つの交わりは決してそのような豊かさを表現することはできません。それを実現するためにはその違ったものすべてが要ります。そのまとまりは、より小さな共同体にあるまとまりと原理的には同じものとなりましょう。すなわち多様性がある中で調和がとれています。もう一度、注意していただきたいのですが、このことはすべての組織が等しく良いという意味ではありません。また共同生活の中に目標とすべき規準が存在していないということを意味してもいません。ことは全く逆なのです。ある宣言がされて、それがその集団の全メンバーを拘束することになるよりも、集会の中での生活があるひとりの人の心を動かして、その人でなければできない独特の遙かに高い水準の証言をすることがあるように、教派のない統一よりも教派間協調精神の方が、はるかに豊かなクリスチャンの生活や献身を生みだすであろうと、今は理解できるのです。画一化しようとする試みは、せいぜいのところ個人や集団の共通項を最高度に表現するに過ぎないか、それでなければ敬虔かつ崇高過ぎて、だれ一人注意を払わない高望みを表現するにすぎません。このことは、画一化や組織、規則や信仰告白などが出てくる余地がないという意味ではなく、数々の統一性というものがあるとすれば、それは生活の豊かさや多様性に役立つためにこそあるのだという意味なのです。

以上のことをすべて総合して考えてみますと、この考え方は権威主義的見解、あるいはトレルチが「フランスの合理主義的民主主義」と呼んだものとは本質的に異なる統治の概念を提供していると理解できます。

権威主義的見解は、――それは数々の規範や価値の実在を布告することによってでありますが――共同体の倫理的性質をきちんと主張することをその出発点にしております。しかし、その見解によりますと、倫理的性質やそうした規範は完全に定式化できるものです。規範は、一定の行動の規則か、定式化された理想を通して姿をあらわします。理想を定式化して行動規準を立てることが、専門家の関心事になってしまいます。共同体のメンバーは、各自がそれぞれの程度に従ってその規準に近づこうとします。彼らは異なった程度でそれに近づこうとしますが――共同体には多様性が存在しますから――ただその多様性は人間の弱さの表れであることは、確かに認められるでありましょう。目標とされる理想は画一化です。人々の間に差異があるのは、その理想に貢献する何ものかを各人が持っているからだとは見なされません。その人々は、理想とはかけ離れているので、どうしても期待はずれと見なされます。もとより、実際にはどんな権威主義的体制もこんなことはやりませんし、論理的にもできません。常識や、人間の能力の避けることのできない差異が、それを不可能にいたします。しかし、私たちすべてが承知しているように、こういうことがあっても、画一化と規格化それ自体を目的として、そもそもから多様性を信じないでそれに文句を言う体制と、多様性が調和のとれた表れ方をするためにはどうしてもある程度の規制や画一化が必要なことを十分に承認しながらも、やはりなお多様性と個々人の差異を信用する体制との間には甚大な違いがあることを否むことはできません。一方の体制は、人間を一様なものであるとし、一様に考えさせ、一様に行動させようとします。もう一方の体制は、そのような一つの出来上がってしまった状態を恐怖の念を持って見つめるのです。

フランスの合理主義的な民主主義理論は、権威主義的見解とは対極に位置するところから出発します。それは個人や個人の価値、また、個人の権利から始まるのです。けれども、それは、哲学的急進主義が登場した時代に優勢で科学的な流行であった原子論の影響を受けて、社会もまた原子から成るものと見なしています。その理論による個人はむき出しの個人——その推進力は各人の中にだけあります——であり、その権利は各人が自分だけの幸福を追求する権利として要約されてしまいます。社会組織の目的はこの権利をできるだけ多く確保することであり、その指導原理こそ「最大多数の最大幸福[19]」にほかなりません。これは、異なる様態の生活が持つ価値について下す判断を一切受けつけない原理です。行為に対する判断は、当然のこととして、その行為が他の行為と両立し得るかどうかという基準だけで下されます。人は自分のすることが、他の人々が自らの幸福を追求する権利とただ衝突しない限りは、好きなやり方で自分の幸福を追求してかまいません。その場合に衝突は常態といえるほど生じるのですが、その際の解決策は単なる量的なものになります。いろいろな人々が、どんな方法で幸福を追求してもその仕方は議論の範囲外です。これはウルフ氏が幸福の民主的概念と呼んでいるもののように思われ[20]、彼はキリスト教がその概念と両立不可能であると考えている点では正しいのですが、ところがこれは確かにありえない概念です。

この道徳的諸価値の軽視は、平等の原子論的概念のゆえにますますひどくなります。社会を形成する原子相互の実際の相違は、もとより無視できません。ところが、この理論はそのような互いの相違や、この違いが持つ重要性を最小限に見なそうとし、とにもかくにも、人の意見や能力などの違いはあっても、なきに等しいと言おうとするのです。

私は、これまで、キリスト教的民主主義理論と科学的民主主義理論との違いについて、あたかもそれが、ただ理論上の違い、同一の事柄——実際に存在する民主主義の実践——に対する考え方の違いに過ぎないかのように論じてまいりました。そうした理論の違いはもちろん実際的な影響をもたらします。けれども、人間はつねに理論の実践上の効果を、様々な仕方で評価いたします。私は民主主義について理論として述べたことを次のように述べて要約させていただけるかと思います。すなわち民主主義は、万人祭司主義の原則を社会生活に適用することであり、このことは、それぞれの個人が独特の貢献ができる余地が見出せるように、またその貢献が十分に実るようにと願う意図を持つ民主的組織という概念を導き出してくる。さらに、このキリスト教理論に含まれている平等についての独自の概念は、似非科学的社会観に由来する概念と真っ向から対立するものであるとわかってくる、こう申せると思います。この似非科学的見解によりますと、個々人は等しい原子と見なされ、その相互の相違は可能な限り無視され、最小限に見積もられる傾向にあります。私はさらに一歩進めて、人間はこの似非科学的見解を重く受け止めてきたことによって、細部にわたって矛盾だらけの民主主義理論を生み出したのだということを示したいと思います。この事実に反する理論が実際に悪い結果を生み出してきたということも、示すことができると思います。しかし、それをやってみましても、理論史だけが残りましょう、それは政治理論家には面白いかもしれないが実際上はたいして重要なはずはない、と言われてしまうでしょう。誤った理論というものは、まさにそれが誤っている故に諸事実によって間違っていると証明されるのであり、その誤った理論が彼らの行為の原因であっても、政治においては人は常により優れた良識を持っているので、誤った理論のために間違いをするほど愚かではない。実際的人間がどうしてその行為の理論的説明などをする必要があろうか、というわけです。

もとより、こういった〝実際的〟見地にはいくぶんの真理があります。けれども、それは歴史は人間の環境と人間の確信との間の戦いであるという基本的事実を無視しております。そこで問題になるのは、どこまで人間が自らの確信を環境に適応させるか、あるいはどこまで環境を自らの信念の中に取り入れるかが常にはっきりしないということであります。人間の宝があるところに、人の心もあります。[21]けれども、私たちはまた一方で、目が澄んでいれば身体全体が光で満ち溢れるとも告げられています。[22]人間が自らの目をかすませたり混乱させたりして、内なる信仰に正当な理由づけを与えることができず、自分が生活の中で何を大切にし、重んじているのかがわかりませんと、結果としてはただ環境の命ずるままに考えるようになるでしょう。二番煎じのヴィジョン、信頼に裏づけされない信仰、混乱した理想、などでは決して社会環境の巨大な勢力に立ち向かって進んで行くことはできないでありましょう。

しかし、私たちが今日その中で暮らしている環境に関して、最も重要でまた顕著な事実は、応用科学がもたらしつつある生活と仕事の規格化です。繰り返し使用され、交換可能な同一品の数々という概念を人間性に当てはめることがどんなに不健全なことでありましょうとも、それは機械に対しては物の見事に当てはまります。科学は、まさにこの鍵によって、自然のあらゆる豊かさを人間の用途のために解き放ち、私たちの社会生活全体をかつてなかったほどにまで根本から変形させたのであります。計量分析、規格化された構成単位、交換可能な部品、大規模の画一化現象——こういうものは機械化時代の成功のいくつかの鍵であります。

このことが教え示すことは、単に「科学的民主主義」の声価を高め、キリスト教的民主主義理論は、私たちの生きるこの時代には不向きである事が明らかになった、と言ってこれに不信感を与えるばかりでなく、それ以上にはるかに驚くべきことをもたらします。すなわち民主主義の理想そのものを信じられなくさせるのです。

その理由は、まず第一に、科学的な機械化された生産の成功は工場における細心で、入念な人間の組織化に依存してきましたが、それは民主的とはお世辞にも言えない統御形態でありました。十九世紀を通じて、政治はますます民主的になって行きましたが、産業は全く異なる道筋をとおって組織化され、少数者の支配する巨大な、しかも絶えず増大する組織となりました。近代の産業民主主義社会は、「それ自体内輪で相争う家」[23]であります。

第二に、この機械産業は、少数者による高度な熟練と創意と組織力を必要とする一方で、大多数の人々からは比較的未熟で画一化された労働を要求いたします。自らの特殊技能に高い誇りを持つ老いた職人などは、ますます需要がなくなっています。機械にはそのような多様な要素や特殊技能は役にたちません。ですから、産業は組織し、命令し、責任を担う少数者と、組織され、命令され、責任を担ってもらう多数者とにますます別れる傾向にあります。それは軍隊の構造であり、民主政体の構造ではありません。

第三に、巨大な規模の近代産業組織というものは、その主要な関心事は技術管理と専門知識の問題であるということを意味しています。普通の人は、おそらく自分がその下におかれている条件に前後も考えずに抗議するかもしれませんが、それ以外にはこうした議論に貢献できるものは特別何も持ち合わせていません。その人は例えば失業が広範囲になれば苦しむでしょうが、その場合でも大衆組織に訴えて始めて何か成果があがるだけです。近年のヨーロッパ大陸での諸革命が教えているように、大衆組織は、それが実効がある場合には、民主的ではないものになりましょう。ドイツやオーストリアの産業民主主義社会は、訓練の行き届いた従順で非民主的な勢力の前に既に屈服してしまっています。(24)

最後に、機械時代は、人々が生産作業に従事している間に、人を機械のようにしてしまうだけではありません。それはあらゆる種類の特異性や個別的生活様式を完全に破壊してしまい、行動や楽しむ仕方までも集団的化させる傾向があります。行き過ぎた都会化は、古い選挙区がそれぞれ持っていた独自性を破壊してしまいました。地方が持っていた独自の特性は大衆文化にとって代わられています。そしてその大衆文化はいよいよ人々に同一の意見や同一の偏見を持たせる傾向があります。大衆宣伝活動は、既に精巧な手法を作り上げております。このテーマについては、詳述の必要はありません。例の著名なスペインの文人ホセ・オルテガ・イ・ガセ(25)はこのテーマについての素晴らしい解説者であります。彼の『大衆の反逆』には、仰天させますが、私たちのヨーロッパ文化に起こりつつあることについての、決して正当性を欠いてはいない叙述がなされています。おそらく私たちの目的にとって最も重要なことは、その書物を読み、また合わせて近年ドイツでの出来事についての記事を読む人ならだれでも、オルテガの述べる大衆の反逆は十九世紀に知られていたような民主主義を目ざす反逆ではなく、民主主義にさからう反逆であるということを認めるに違いないということであります。私たちがこれまで論じてきましたことを通して、大衆行動は民主的ではないこと、個人が見分けのつかない単なる構成単位にすぎない社会を生みだそうとすれば、それは民主主義ではなく専制政治への道を準備することになることが、もうお分かりになっていただけているはずです。この「似非科学的」社会学を本気で重大に考えた著述家はトマス・ホッブズでありました。並々ならぬ明晰な頭脳の持ち主でありましたホッブズは、原子化された社会は専制支配によってのみはじめて統治が可能であると理解しました。ベンサムやカール・マルクスのような後世の著作家たちは、ホッブズの物質主義を引き継ぐことが可能で、しかもそれを民主主義と結びつけられると、浅はかにも想像しました。その人々がどれほど誤っていたかを、私は、民主主義のキリスト教的基礎について申し上げたことの中で示そうと努めてまいりました。そして、ロシアとドイツで起こってきた出来事は、まさにそのことを実際に例証したものであります。

万一この分析が正しいとしますと、一つのことが確実であります。それは、もしこの経済的大衆勢力が勝利をおさめ、私たちが理解している現在の民主主義が消滅しますと、それとともにキリスト教諸教会も消滅するということです。というのも、政治のこの新しい大衆組織は、世論を形成する勢力を独占することに依存しており、その青写真の中には組織化された少数勢力が存在する余地は残っていないからであります。もし宗教の彼岸性と、その筋の人々への服従を常に説いてきた〔ドイツの〕ルーテル教会が、この新しい種類の政体に手を焼いているとわかるのでしたら、イングランドの自由諸教会は、自分たちがその統治形体と妥協しがたい対立関係にあることに直ちに気づかねばなりません。それでなければ、その独自の生活とまたキリスト教精神への独特の貢献の一切を放棄せねばならないのです。

第二章

さあ、私たちの目の前の問題を見つめましょう。と言いますのは、もし私が正しければ、私たちは、この民主主義の危機に際して、Aとか、Bの政治的統治の形態間の選択以上に、根本に関わるあるものに直面しているからです。私たちは社会生活の二つの大きく異なる概念の相克に直面しています。私たちが考案した物質的道具を私たちの霊的目的の道具にすることができるのか、あるいは、私たちの理想をこうした道具のさしせまった必要性に順応させて、無責任に行動してよいのかを決めることになる、霊的危機に遭遇しています。私たちは自分たち自身の手の業を拝もうとするのでしょうか、それとも拝むことを拒否するのでしょうか。(26)

腹をくくらなければなりません。私たちは、いつまでも内輪で分かれ争う家のままではいられません。十九世紀の民主主義が長い間信じてきましたことは、経済的勢力が一人歩きしていても、それは社会生活や政治生活の成り行きによって影響されることもなければ、それがその進展に影響を与えることもないのだから心配は要らないということでした。けれども、今日では、だれも実際にはそれは信じられません。民主主義が無統制な経済的勢力のもたらす諸悪に対処できないとしますと、対処できる政治組織に　道を譲らなければならないでしょう。しかし、こういうことが起こっているのに、なおかつ、民主主義がその上に土台を置いている社会的、また霊的理想の数々がもとのままでいられるなどと想像するのは愚かなことです。仮にある種のこの新しい政治的信条を私たちが採り入れるとしても、それはこの国では全く違った表われ方をするだろう、イングランドはその社会構造があまりにも違い過ぎるので、ドイツの国家社会主義やロシアのボルシェヴィキの政策のように無節制をさらけ出すはずがない、と私たちはよく言います。けれども、これは、イングランドの社会生活の中では、民主的理想がしっかりと根づいているので、打ち負かされることはあり得ないと述べるに過ぎません。というのも、この問題に関してはイングランドであっても、二兎が追えるとはとても思えないからです。一方で社会の大衆組織の機械仕掛けの便益を享受しながら、他方で少数者の自由を認めてもらうわけにはいきません。イタリアのファシズム、ロシアのボルシェヴィキ政策そして、ドイツの国家社会主義などの政治体制は、相互に大変異なっておりますが、ひとしく組織化された少数勢力を寛大に取り扱ったり、利用したりすることを拒否いたします。そういう政治体制では、皆一様に、国家は世論を形成する諸勢力を独占する権利を持つと主張します。その中のどの一つにも、社会生活に対して独立した関心を払い得る自由教会を認める余裕はありません。それはすべて、大衆に根ざした権威主義的統治政体です。この政体が手にしている力と効率性とは、その統治の本性から来ています。それ以下の代価で獲得できるわけはありません。そして、イングランドがこの連中のあとを追うのでしたら、絶対にこの点での追随を覚悟せねばなりません。これこそが私たちの前にある根本的問題であるように思われます。――通常提出される資本主義と社会主義との間の問題などよりは、はるかに大きな根本問題であります。ですが、現在の私たちの政治的なグループ分けや、スローガンの中ではそれは蔽い隠されています。勿論、トレルチが指摘したように、キリスト教的民主主義と十九世紀自由主義との間には、明らかな結びつきがありました。同様に、その親近関係は、経済的利害関係は放任しておいても決して悪い結果を生まないという誤った思い込みに基づいていたことも明らかであります。他方、今日のキリスト教諸教会には、いかなる現実的な形の民主主義とも相容れない、厳しく管理された強制があって始めて行われる類の経済的諸関係の大変な統制を、私たちにしきりに説きつける多くの人たちがおります。この講演の最初のところでも申したことですが、トレルチは「禁欲的プロテスタンティズム」の社会的理想はその仕事を成し終えたと考えました。最初に形作られた社会的理想は産業文明の需要を満たさなかったのですが、私たちは、この理想はその需要を満たし得ると再定義できましょうか。私はできると思います。そのことで私が一層確信がありますのは、初期に形を整えた社会的理想の不首尾は、その固有の原理的な欠陥によるものではなく、見せ掛けだけ科学的な民主主義の理想の影響下で、原理が歪曲され、曖昧にされるのを人々が許したためだと信じているからであります。私たちが、明確なキリスト教的理想を自分たちの前におけば、そのキリスト教的理想は私たちの現在の不満の解消に効果があると確信いたします。

今日、民主主義と、自由で独立していて、しかも社会問題について配慮ができるキリスト教の存在は、等しく国家の目的と機能についての新しい概念によっておびやかされております。［第一次世界大］戦前には既に死滅したと考えるのが普通となっていた全能の国家という理想が、再び、かたき討ちをしてやれとばかり復活いたしました。国家は、その成員のすべての行動をとりしきる完全で無限の権力を自分が引き受けなければとても解決できないと思われる諸問題を抱え込んでいることに気がついてきました。その重要性と意義がますます認められてきていたこれまでの国家と社会との明確な区別は、もう消し去ってもいいのだというのです。どうした理由で国家がこのように位が高くなって、他のすべての諸団体の上に立つようになったのでしょうか。これは急所をつく問いであります。実際、こうした新しい政治体制の後援者たちは、個人に要求できる犠牲や降服のことを意気揚々と語るかもしれません。しかしこの政治体制が真に意味していることは、他の国々では個々人が国家に対してと、あらゆる種類の異なった自発的諸団体に対して、それぞれに分けて所有していた忠誠心や献身が国家に、しかも国家のみに、集中して与えられて、将来はどんな忠誠心同士の衝突も、忠節心同士の分裂も存在しないようにさせるということなのです。国家こそが何よりも大切だということになります。今日、国家を他の団体から区別する特色は、その組織化された支配力や強制力の行使です。こういう訳で、国家の地位の高進は、突然この種の強制の必要がこれまでよりもはるかにさし迫っているということであるとしか考えられません。このような不思議な変化がどうして起こったのでしょうか。

私には、二つの説明が可能だと思われます。そして二つだけであります。強制力の使用を大幅に増大させなければ、人が共同活動ができなくなっている何事かが起こったのかも知れません。あるいは、ふつう強制が必要とされるような、画一的なまた組織的な行為がはるかに多く求められているのか、または必要であると考えられているのかも知れません。最初の説明は、国家がこのような高い地位を得たのは民主主義に代わる新しい、または競い合う理想を表わしているのではなく、民主主義に必要な社会的条件がとにかく働かなくなって、至急に努力してその埋め合わせをしなければならないということを意味しているでしょう。第二の説明が、理想間の対比を一層よくさし示しているようです。というのも、これは次のことを意味しています。すなわち、社会生活の中の諸目的のうちには、その達成のためには国家の強制行為のみが生み出せる画一化を要するものがありますが、そのような諸目的に対して、複数の社会目標がある中で排他的な優越性が与えられてきている、ということがそれです。国家がなすべき事柄と自発的団体にまかされた方がよい事柄との違いは、強制が生み出せる種類の画一化を必要とする事柄と、その種の画一化を容易には許容しない事柄との違いです。全く自主的な道路交通規制とか、完全に強制的な親切というのは、両方とも言葉の矛盾です。

この二つの説明は、どちらも重要なことを含んでいます。相互の社会的な結びつきが広く消え失せてしまうほどに、人々が無秩序になり、分裂してきますと、人為的で強制的な束縛が取って代わらなければなりません。ばらばらになりました社会は、群衆心理や力による以外はまとまりを見いだすことができません。民主主義は生き生きとした信仰を必要とします。民主主義には、私たちの仲間を信じる信頼が必要です。民主主義は、社会的分裂があまりに深い傷を負わせている社会では実際には不可能です。ホッブズが理解したような、恐怖や怯えに支配された社会では可能ではありません。しかし、今日ヨーロッパ諸国は、主として戦争のひどい重圧のために、気力不足で悩んでいます、戦争ということで注目すべきことは、民主主義諸国が非民主主義諸国よりもはるかによくその衝撃と緊張があったにもかかわらず生きのびることができたということでした。他方、戦後の危機の中で、たやすく非民主主義諸国が民主化されるとか、民主主義——とりわけ、困難な変革の時代の民主主義——が意味している社会的連帯と共働のための力の総和とを、そうした諸国が容易に獲得できると想像したことは誤りでした。また民主主義国だったら戦争の長い間たゆむことのない努力をした代価は支払わなくてすむという想定も間違っていて、かなりひどい意思のまひ状態の苦しみの経験があったのでした。

こうした状況でキリスト教諸教会が懸命に取り組むべき課題は、明々白々です。もし諸教会が国民に信仰による生命を吹き入れることができないとすれば、また私たちの社会的分裂の破壊作用をくじくことができないとすれば、だれがそれを行うことができましょうか。そしてもし教会がそれはできないというのでしたら、その埋め合わせをしなければならないために行う、粗雑で不満足な方策を教会が偽善的に非難することはやめた方がいいでしょう。私たちは当然のこととしてヨーロッパの数か国で民主主義に取って代わろうとしている、我慢のできない群衆感情による統治方法を嫌悪し、軽蔑いたします。しかし私たちは大衆宣伝活動は真の共同体生活を享受できていない国民を統治する唯一の手段であることを理解すべきです。政治的民主主義の仕組みができれば何百万人もの人間の意志がいつも自然と一つになって、一つの近代国家ができあがるなどと思い描くとすれば大変な間違いです。政治的民主主義は、それが民主的な共同生活の表現である時にはじめてうまくいきます。自発的団体の持つ大切さが、人々の意識の中に沁み入ってそれが力となり、それがたやすく働ける一つの纏まりにならない限り、またそれが無数の小さな団体やグループの中に協調と討論の雰囲気を生み出せない限り、そして、とにかく共同体としての自分たちの関心事を、彼らのばらばらの党派的利害以上に大切なものにすることができない限り、政治的民主主義は存在するはずがありません。ばらばらの個人は国家の組織に比べれば常に無力であるに違いありません。個人は自分が属する組織を通じて以外は、またそうした組織の独立した生存が許されなければ、敢然と国家に立ち向かうことは決してできません。いわゆる社会全体の意見などというものはありません。個々人の単なる集合体には、まとまった意見もなければ、真の意志もありません。彼らが単なる何人かの個人に留まっている間は、公共の事柄についての彼らの意見や意志は、世論や公の情報を司る機関を統制する人々によって彼らのために用意されることになるでしょう。もしこの人々が人間をひとまとめにして扱うとしますと、この機関は大衆宣伝活動の機関となります。個人としてその宣伝活動の影響から逃れることのできる人は、比較的少数にとどまります。というのも、批判や判断のできる洞察力や識別力は小さな社会の中での討論によってのみ育つからです。民主主義が今日のイングランドやアメリカで生命を保っているかぎり――それは疑いもなく生命を持っていますが――、その民主主義は民主的な社会生活や討論の及ぼした影響のおかげであり、そして、無数の小さな共同体が世論を組織したことによります。こうした社会が自由であり、属する人々の意見が自分自身のものだから、それが可能なのです。イングランドとアメリカは変わり者や風変わりな団体の本拠だとときどき聞かされます。確かにそうです。どんな形の不条理や愚行でも常にこの国では、かなりの人が夢中になって普及につとめると時々人は考えたがります。けれども、大ピラミッドやその他の奇妙な、人を夢中にさせるものを担ぎ上げる人たちがまとまって行動しても――まとまればですが――その政治的結果は国民の生活に実際的には何の影響も及ぼしませんし、イギリス国民には、寛容、良識、また自発的組織の力がありますから、その支払いをしても十分おつりがきます。

私たちの社会生活は、これまでのところ組織と討論の自由を保持することには、成功してきました。産業化された社会に付きものの社会的分裂を克服することには、それほど成功してきてはいません。私たちが考えてまいりましたとおり、民主主義は満場一致や、同じ意見を持つことを必要としません し、実際それを望みもしません。民主主義は差異と多様性を奨励すべきものです。ただし、この多様な諸団体が共同生活の中で共存することができ、さらにその共同生活のために必要な諸条件を組織化するために結束できる時に、はじめて成功するのでありましょう。そのためには共通の理解と相互の思いやりとを必要とします。もしキリスト教会が経済構造の生み出す社会生活の分裂状態に立ち向かって進めないとしますと、民主主義の未来にはあまり希望はありません。私たちが社会的分裂のために麻痺したようになったときに、私たちに戦争の危機が訪れ、また、その危機がひととき私たちに自らの分裂状態を忘れさせ、共通の利益のために必要な犠牲を喜んで払いたいと思うようになったことを思い起こします。しかし、また多分私たちは、戦争特有の集団感情から生じた良いことと共にいくつかの罪深いことどもを恥じつつ思い起こすでしょう。私たちの日常が教会のメンバーにふさわしい状態であれば、群衆感情に駆り立てられる必要なしに、日常的に進んで相互に同情し、理解し合い、共通の利益のためには喜んで党派的私情を捨てようとするはずであります。イタリアとロシアとドイツは、平和の業を行うべく戦争心理学を意識的に利用しています。ですが、それはサタンによってサタンを追い出そうとすることです[27]。その必然的な結果はだれの目にも明らかです。団結や共同行為は反対党や批判勢力を抑圧することによって獲得されます。批判者は敵として取り扱われます。そうしたやり方で統一行動を手に入れることはできますが、叡智を獲得するわけにはいきません。私たちがそうした方法を避けて、しかも共通の困難にふさわしく対処しようとするのでしたら、私たちは、違っていても共に活動ができる健全で日常のものとして身に着いた理解力を育て養う必要があるでしょう。私たちは誇りを持って自分たちの共同生活の豊かな多様性に言及することができるようになるのでしょうか。それとも、私たちの不幸な分裂について語らなければならなくなるのでしょうか。私たちの民主主義を守る力は、その問いにどう答えるかにかかっています。

第三章

他の社会的諸団体に対して、国家の地位が近代になって高進したことについての最初の説明はここまでにしておきます。強制手段を使用せずともよい所にまでそれが用いられています。強制は精神的な衰弱のためにやむをえずになされる最後の手段です。

第二の説明は最初の説明とは異なり、複数の理想の不一致、言い換えれば国家の真の目的についての意見の不一致と関係いたします。ただ強制手段によってだけ達成できるその結果が人の心の中に大きく立ちあらわれてくるので、それはまるで秤にかけて重さをはかれば、それと比べられる他の社会的目的はないかのように、どんな犠牲を払っても成就すべき絶対目的のように考えられてきました。この精神の状態はまったくの心の歪みから生じたのではありません。どうしてこのことが起こってきたかと言えば、産業組織の発展が昔の単純な経済状態以上に莫大な量の強制的規制や、それに伴う莫大な量の国家活動を要求するからです。経済学において、正統的経済学の見解として百年前に確信をもって宣伝された自由放任主義は今では全く信用されなくなっています。国家の働きが減少すれば、私たちが一層自由になるかのように語ることは愚かなことです。中にはより自由になる人も出るかもしれませんが、私たちのはるかに多数の者たちは経済的な大混乱がひきおこす経済的必然性の厳しさをいやというほど味わわされることでしょう。この因果関係はすべてが無統制に動くことから生じてきているのですから、すべてに影響力を持つ統制によってのみ対応ができます。ところがすべてに効果を及ぼす統制には強制力が要りますし、従ってその背後に国家の行為が必要となります。これは確かだと思われます。

ところが、次のことがよく確実だと思われがちです。社会のこうむる不幸を癒すために一層多くの統制が必要なのだから、必要なのは結局統制である、自由があるために独特の諸困難が生じたのだから、自由を完全に抑制すればすべての問題点は解決する、無政府主義は悪だから完全な統制は善である、目標を全く自覚しない社会は悪いのだから、細部にわたって完全に計画された社会こそが理想的である、などです。確かに私たちはあまりこういった選択肢をきちんと自分のこととして考えず、たいへん簡単に、ボルシェビキ型の徹底したコミュニズムが一つの一貫性のある理想であり、自由放任的個人主義がもう一つのそのような理想であると想像します。その結果私たちが現実にやることといったらそれは一貫性のない、不安定な、とても周到な考えとは言えない折衷案を提出することです。

しかし私たちは二つの事を覚えておくべきです。第一のことは、どんな人間の活動においても事業の完全な組織化も又完全な自由放任も、両者を組み合わせたもの、すなわち画一化、統制、規則化の窮屈さはあっても、多様性や個々人の非凡な才能や豊富な経験を用いうる余地が残されているものほどは、有効ではないということです。第二のことは、人間の霊の働きの中のいくつかの貴重な営みは、ある均等性のもとでは、その均等性が他の活動には無害で、むしろそれを活発にさえするかもしれないのですが、萎縮するということです。もし私たちが、商業上の目的のために科学的原理が応用されることを通して生まれてくる数々の均等性に危険なほどに心が奪われてしまうとしましたら、私たちは心の目を科学的発見そのものの成り立ちに向けようではありませんか。すると私たちはどんなに多く科学的研究が組織体のおかげを蒙っていても科学研究の世界は一つの自由な共和国であることを思い起こすことができます。その共和国は討議と思想の自由によってその生命を保っており、ほとんど強制は皆無です。ボルシェビキのロシアは自然科学に信頼を置き、その自然科学者たちに自由を与えました。ところがボルシェビキのロシアや、あるいはナチ党のドイツが、指令によって政治的真理を作り出そうとする時にどんな現実ばなれのしたナンセンスが作り出されるかを考えてみてください。

科学について真実なことは、教育や芸術や宗教についてもそのまま当てはまります。さらにあらゆる人間の活動には均等性と多様性、強制と自由の双方が要りますが、活動が異なればそれに含まれる要素の度合いも異なる必要があります。高度の活動には低級な活動よりも一層の多様性と自由が必要です。そういうわけで、もし私たちが多大の均等性を必要とし、それを持続させる活動にあまりに心を傾けすぎますと、より自由でより高度の活動がその中では萎縮する結果になる社会構造を打ち立てることになります。従って私たちは、もし、我々がまず神の国を求める場合にかぎって、これらすべてのことは我々に加えられる(28)ということが、どうしても真実ではないのかと問い質してみてもよいのではないでしょうか。

そういうわけで、もし完全な組織化や完全な自由放任主義が誰にとっても不可能な理想であるのでしたら、もう一度キリスト教民主主義の経験を検証して、それが社会活動の理想に対してどんな手引きを私たちに与えることができるかを考えてみようではありませんか。小さな集団の目指すところは、それぞれの人がその集団の目的を言い表わす数々の賜物や証言を十分に生かすことができるような場所を提供することであります。その団体が小さな民主体として成功するのは、その中で人々の差異がお互いの妨げになるかわりに、お互いに補いあうことになる一つの共同生活になり、真の共同体を作るからです。そこには規則はありますが、その規則の目ざすところはただ共同生活のための枠組みを助けて作り上げることとです。そういうわけで、こういう小さい団体がより集まって組織になりますと、また法規や機構が必要となりますが、その目標や基準は共同生活の豊かさ又自発性であり、それに仕えることがその仕事です。もし私たちがそのような組織の中に当然含まれる原則に対して真実でありますならば、私たちは規則や法の機能を考えるのと同じ仕方で、国家の機能を考えます。国家の仕事は共同体に仕えることであり、国家は、共同体が一層共同体らしくなるその度合いに従ってその目的が達成されます。このことは社会生活の最高機関として国家の地位の高進とどのように異なるのでしょうか。国家が社会生活の自主的な力と自発性とを当然のこととして認めるという点が異なります。法律はこの社会生活の自主独立の活動力に奉仕せねばなりませんが、それを創り出すことはできません。法律は共同生活とは、それ自身の特性を持っているものであることを前提として認めます。その活気と自発性と生命はその共同体を不一致や不調和へと導き入れましょう。これが規則や規律によって癒されませんと、自発的活力は無秩序状態となります。しかしどんな法律も行政も共同生活を作り上げることはできません。ただ画一化や、それ故国家による強制手段によってのみなしうるいくつかの事柄があります。しかし、この事柄は決して社会のあらゆる必要にこたえて、それをふさわしく処理することはできませんし、また社会の全メンバーの忠誠心を要求することもできません。

これを現代の民主主義国家の通例の行政の現実に当てはめてみますと、事柄が曖昧で、現実離れがしているように思えるかもしれません。しかし、もし私たちがこの国における国家の実際の仕事を吟味してみますならば、このことがわかると思います。すなわちそれがきちんと機能している場合には、その働きはすべて共同体に仕えて、それを一層豊かな共同体にする手助けをし、その共同体が一層豊かで多様性に富み、しかも調和のとれた共同生活ができるようになることが目標となっていることがわかるのです。こう申しますのは、国家の働きが今十分ふさわしく行なわれているとか、このことが成就するまでには私たちの社会に関して行われるべき膨大な量の仕事がまだ残っているのに、そうではないとか言うつもりではなく、ただ、私たちは実際には、たどたどしく歩み不完全なままなのですが、この理想をはっきり認めているということを申し述べたいのです。

国家のなす最も初歩的で基礎的な事柄は、論議を平和裡に解決するための手段を提供することです。国家の法と正義の役割は絶え間のない、戦いに立ち向かう戦い、ということになります。

次の、また関連のある法の機能は、――刑法においては――最低限の外的行動の基準を強制することです。このような強制行為の目的は、国家はその市民に最低限の正しい行為を確実に行わせるべきだというのではなく、市民たちの諸権利が守られるべきであるということです。国家は、B氏の権利行使を禁ずるA氏を規制します。権利とは行う自由です。それは人々が法律が定める範囲内で行動する限り、その個々の人は邪魔されないと、保証します。この法の制限は普遍的原則、すなわち自分の権利を行使しているどんな人も、同様に権利を行使するほかの人の自由を妨げるべきではないという原則と、共同体が促進させたいと願う種類の共同生活の計画によってきめられます。疑いもなく実際にはこういう諸原則は、不十分にまた不確かに解釈されます。しかし、法の強制が正当であることは、それが強制のない場合よりもより多くの自由を提供するからであり、またその強制が助長しようとする種類の自由は、共同体のメンバーがそれによって力を得る共同体の構想によって定められることは、変わることなく真実であります。

国家が共同体に奉仕する第三の道は、その市民たちに最低限の基準の経済生活ができる手助けをすることです。わが国はある程度の長期間　――最初の工場法の施行以来ずっと――これを行なってきました。今世紀［二十世紀］に入って、国家はそれまでにもまして一層このことに配慮してきました。もし国民の生活がある水準以下であれば、当然それは国家の配慮する仕事であり、又そうであるべきだと私たちすべては思います。にもかかわらず、まるで国家の活動のこの分野は、原則的に国家の他の役目とは全く違う性質のものであるかのように、大きな疑いの目でこれを傍観する人々がいます。ところが少し熟考すれば、国民の真の自由を保護するために、国家が諸権利の制度を守ると同様の理由で、最低限の経済生活の基準を保つべきことは十分明白であります。私たちは、仲間たちの気ままなお節介から安全に守られてはじめて自由の身になれます。そのように、なにがしかの経済的保証があるときにはじめて自由になり、冒険をやってみることができ、機械の歯車以外の何物かになれるのです。法や規制は自由に仕えるのと同じように冒険的事業や自発的活動にも仕えることができますし、またそうすべきものであります。

第四の奉仕の手段を考えますと、現在の国家は、道路事業や、いわゆる〝ガス水道社会主義〟やその他の面で、すべての人が多かれ少なかれ等しく使えるか、あるいは共用できる事物や事業を提供しています。このような集団活動の背後にある原則は、当然に独占的になるある種の公共事業があるということです。しかし公衆は、独占的事業に対しては競争的事業に対するような単純な経済的制御手段を持ち合わせません。そういうわけで独占事業についての統制は、国家の活動を通して別の仕方でなされなければなりません。さて、ここで再び、私たちは同じ原理が働いていることに気づくことができましょう。適切に組織化された種々の均等性は最高度の種類の多様性と自発性に一層の機会を提供します。あるもの、電力や水力の供給など、には一律の消費基準があるから、私たちのあらゆる生活面にも、同じ均質性を適用すべきだなどという人があれば、それは愚かな人だけでしょう。最も判断力に欠ける人々だけが、ある規格化は選択や多様性の自由に貢献するのに、別の規格化はそれを葬り去ることを認めることができません。

さて今まで私たちが苦労して解明してきた一般的原則を考えますと、この原則は、健全な社会において、共同体の自発性や独創的企てが保護されるためには、ある量の法規や強制が必ずなければならないということを当然の前提としていることがわかります。しかし、その原則そのものはその量がどれほどかを教えませんし、それは不可能でもあります。その原則が十分機能するためには、自由から生じるいくつかの不調和をよく感じとる力と、その不調和が正されて、しかも自発的活動ができる余地が残るためには、どんな種類と量の法則や強制が必要かを判断する力が前提となります。これは最終的には決して解決しえない問題であるということが暗に示されています。絶えず生起することに気を配り、新しい困難が起こった時にはそれに立ち向かうべく見張りをしている社会、それがこの原則を受けとめる社会であり、〃私たちの安定とはただ釣り合いにすぎない。その行為の成功は予知せぬことをいかに見事に管理するかその腕にかかる〃のです。

以上のことは皆、その原則には最も大事なことが含まれているという言葉を、違う言い方で述べているにすぎません。このような方針が成功するかどうかは、それを実行する共同体がどのくらい繊細な感受性を持ち、自覚を持つかにかかっています。私たちが知るかぎり国家の機能の中で最終のものは、社会的な豊かな感受性のために備える働きです。それは政府のなす特別に民主的な働きです。理解できることですが、共同体の感受性を増大させる主な働きは、全く政府の仕事ではなく、また政府のできることでもありません。民主的な政治組織のなすべきことは、他の諸団体が創り、守ってきた豊かな感受性をまとめることであります。しかしそれはそれ自体十分重要な働きです。民主的な機構が正当とされるのは、それが共同体にその諸問題を意識させるからであり、議会はその頂点に立ちますが、討議を組織化する方法を通してそれを行なうからであります。もっとも議会における討論は全体の中のごく僅かな部分を占めるだけです。討議というものは、必要が生じた際に、事実に関する正確で信頼できる知識で支えられることができなければ、近代生活の複雑な状況の下ではただ漫然としたものになりましょう。それは現在重要であるのに、ほとんど討議もされない私たちの恒久化した文官業務の仕事ぶりに表れています。もし政府関係の報告書や他のそれに類するものとして与えられる統計的情報がなければ、私たちはすっかり途方にくれて どんな困難にも立ち向かえないでしょう。

言うまでもなく、熟達した民主政体の存在がなければ、政府がこの方面ですることができる一切は無益ですし、同じように言うまでもなく現実に生起することは滑稽なほど理想とは縁遠いものです。

しかし、政府の真の仕事は、共同体に仕え、その生命を豊かにすることであること、そのことは自由への奉仕のための法規を伴うこと、共同体の豊かな感受性のみが折にふれて強制と自由さとの真に釣り合った状態を見出しうること、ただ民主的な政府のみがその豊かな感受性の機関でありうることを、人々が認識する時、これ以上の進歩はないと言えると断言します。

これはみな何という貧弱で力のない結論だろう、という方がきっとありましょう。ここで私たちすべては、現代文明のもろもろの悪の下に沈みつつあり、自分たちの中にいやしくも希望や抱負があるのでしたら、根本からの改造だけが何かの役にたつのだと確信しています。さらに私たちは、国家はすでに原理的にはあるべき姿になっていると聞かされます。これは単にもう一つの現状維持の巧妙な弁明に過ぎないのでしょうか。ところで私が申してきたことは、民主主義と自由教会の理想を守ることでした。また私が述べましたことは、社会主義と両立でき、それに反しない、言葉の広い意味における自由主義は、その代替物として提示されてきた何ものよりもはるかに高貴な社会的理想であるという主張であります。しかしまたその社会的理想というものは一度も有効に作動したことがなく、正しく理解されたこともめったになかったと申さねばなりません。それが正しく理解されなかったために広義の自由主義は狭量な自由主義となりました。それは中産階層の数々の理想を具現化しましたが、同時にその無分別と鈍感さとを露呈いたしました。それがふさわしく実現しなかったために、経済的利害関係や不平等が入り込んで、数限りない共同体にとって自由な生活の諸条件が破壊されることになりました。この社会的理想は、私が述べてきましたように、共同体が社会的な豊かな感受性をもっているかどうかに依存します。そして私たちは社会の私たちの仲間たちに何が起こっているかを認めるのにひどく鈍感で、しかも遅かったのです。私たちは自己満足し、無分別でありました。経済的な発展のために私たちの間には実に多くの同情を寄せ、また社会交流を行う部門ができましたが、それに橋をかけるための計画があまりにも貧弱すぎました。もしある人が悪いことはそれだけですか、と言うのに答えねばならないとすると、私はただその問を逆手に取って、社会でそれ以上の基本的な悪が果たしてあるでしょうかと問い返すことしかできません。そのような社会的不感症の民主政体が、そもそも真の民主政体といえるものでしょうか。確実に言えることは、その民主政体はきちんとした仕事をしていないということです。

もう教会がそのような社会的理想とどのような関わりがあるかは十分明らかでありましょう。もし国家の仕事が共同体に奉仕することであるとすれば、奉仕が行われるための共同生活がなければなりません。それに配慮する事、本物の姿の共同生活、すなわちそのメンバーの人たちがそれをとおして元気づけられ、高められ、希望が与えられるような本物の共同生活を提供すべく配慮することが確かに教会の仕事です。それは本物そのものですから、そのメンバーたちはどんなことがあっても自分たちの自由を譲り渡そうとはしないでしょうし、またある特定の政治的組織に対する忠節心が常に他のどんな形の組織に対する忠節心よりも優先せねばならないことを承認はしないでありましょう。と言いますのは、その事が起これば道具に対する忠誠心を目的に対する忠誠心に優先させるということに簡単になってしまうからです。私は教会が共同生活のために創造的影響力の中心となる唯一の形の社会組織であると言うつもりはありません。他の多くのものがあります。労働者教育協会は一つの注目すべき例としてあげられましょう。(30) もし教会が上記のようなものでないとするならば、教会はすっかり期待外れになってきております。ただ、教会がこれほどまでに期待にそむいたとは誰も主張はできないかもしれませんが、他方誰が教会はその理想に従ってふさわしく歩んで来たと主張できましょうか。

ところで教会が社会の残りの人々の生活から離れてそれに無関心であって、自己閉鎖的な中心であるなら、教会は共同生活の中心であるとは言えません。もし、教会が共同体の全体の生活のまわりに繊細な思いやりの光を放射している中心でないとしますと、教会はその義務を忠実には行っていません。工業組織、経済規制、適切な計画的な行政というものは教会の仕事ではありません。しかし、共同体全体の霊的繊細さを高めることは教会の仕事です。このことはただ単に教会の仕事が個人の良心と関わるということだけを意味するのではありません。もちろん、そのことは第一に重要なことですが、教会はまた個人の良心の豊かな感受性が行政機構や経済規制にも活気を与えることができるように配慮せねばなりません。こういうわけですから、教会は民主的な機構を維持し、またたえずそれを改良することに関心を寄せねばなりません。それ故教会は民主主義の味方です。それはただ単に今、私たちに提案されている民主主義に代わる手段が、教会の自由を損ない、その霊的生活を妨げるからだけではなく、また教会は共同体の中で行わなければならない働きがあるからです。教会だけがそれを行うことができます。国家はそれは行えません。しかしその独特の職分は民主主義国家の機構を通してのみ完全に実現可能なのです。

しかし、ここでおそらく警告が必要です。活力のある民主的な教会生活に含まれる民主主義の概念を考えてみて、その概念はおそらく国家にも適用できると思って、最後には将来の教会と将来の国家は一つに融合されるとあまりにも簡単に思いやすいのです。私は民主的であり、またさまざまの価値や基準を認める共同生活の原則は当然のこととして教会の生活の中に表されていること、そして、しかも国家の諸活動をとおしてそれは自己実現ができることを示そうと試みてきました。私は法の機能についての二つの見解を比較してきました。一つは権威主義国家の法の概念であり、他の一つは自由主義国家のそれであります。第二の概念は国家と社会の間の区別を前提といたします。その国家はその背後に強制力を持つ法の機関です。それは、一切の複雑で多様な数々の組織からなる社会の自由な生活を当然の前提として受け入れ、すべてのその自由な生活を国家活動の中に吸収しようとはしません。それはむしろその規制をとおしてそのような自由や自発性について不調和や不首尾を矯正しようと努めます。このように考えられる国家はボザンケ[31]の言葉によれば、「諸制度の機能的批判」であります。

ボザンケの『国家の哲学的理論』に親しんでいる方々は私がどんなに注意しながら彼が述べている多くのことに追随しているかということが、おわかりでしょう。その方々は成功している国家統制の目安は、強制がありながらなお、自発性のための余地が残っているその範囲である、という考えを彼が展開しているあの素晴らしい章を思い出されることでしょう。しかし、またその方々はボザンケはそのような強制的統制力の機関としての国家を社会全体と同一視しがちであり、彼の哲学の傾向は彼に教会と国家の二元性を認めることを許していないことを思い起こされるでしょう。この点では彼は近代英国の理想主義の主流のあとを辿っています。キリスト者の生活をよく理解して、そこから深い影響を受けたグリーン(32)でさえも、この国家の活動に関する自由社会主義的見解に大層心が奪われて、その結果ほとんど教会に関心を払っていません。彼の追随者たちはたびたび、私たちが国家でもあり、教会でもある一つの国家を生み出せるという印象を与えてきました。この学派が推奨する主権の概念は一般意志の主権として表現されました。社会全体の豊かな生命を表すものが彼らにとっては主権者であり、その機関を国家の中にすなわち政府の中に見いだしたのでした。それは異なるそれぞれの忠誠心が残る余地、換言すれば、人々が彼ら自身のためにそれに忠誠を誓う国家内の自由な諸団体がいくらかでも残る余地を、ほとんど、あるいは全く許さなかったのです。

そのような社会についての一元論的見解は大いに過っているように私には思われます。社会についての理想主義理論は、T・H・グリーンが述べた「力ではなく、意志が国家の基礎である」[33]という言葉を強調して高貴な働きをしました。しかし私にはその推進者たちは意志に生命を吹き入れる機関を、意志を実現する機関から切り放すことがどんなに必要であるかを無視してきたように思われます。政府は社会の目的の道具に過ぎないということを認めることは大変結構なことです。同じように、目的を実現するための道具がどんなに簡単に影響力を持ち始めて、やがてもともとはそれに奉仕しようと意図していた目的を歪めてしまうことがあることを思いおこすことは、これに劣らず極めて重要であります。国家の強制的性質が社会の自発的な生命をあまりにきつく締め付けて、その自由を押さえつけてしまうことはあまりにもたやすいことです。

私たちはこの歪みが政党の成長の中でいくらか起こってきていることがわかります。私たちはまるで政党は世論の表現のための単なる機関ででもあるかのようによく考えます。すなわち討議と知識の道具であって、そのお陰で数え切れない個々人の漠とした抱負や、理想や、不満が纏められて的確な政策になると考えます。政党はある程度そういうものです。ところが政党はまた、勢力獲得の道具でありますから、それはたやすく意見の具申よりは宣伝の機関になります。私たちは時々政党政治の場では一般公衆の問題はきちんと調査されたり、公正に討議されたりすることはできないと感じてしまいます。国家は常に幾分かは権力を求める衝突の場です。ディズレイリ[34]の『エンディミオン』の中でレイディ・モントフォトは「現実の政治は権力の所持と配分です」と申します。権力の所持は常にある程度まで人を堕落させます。文官業務に携わる最も理解力のある人々でさえ必ずしも全く官僚主義者にならないですむわけではありません。もし社会の中に独立した生命を吹き入れる源が数々ないならば、最も自由主義的で民主的な国家機構であっても官僚政治に支配されるものとなります。自由な国家の中以外には自由な諸教会が存在しえないのでしたら、国家の中に自由な教会がないところには自由な国家も存在するはずはありません。

そういうわけですから、もし国家をどう造ることができるかに関してあまりに高望みを持つのでしたら、次のことが記憶すべき第一点です。国家は強制を意味し、強制は力を意味し、力は不幸なことに、力それ自体の故に追求される可能性があります。もし国家が社会の諸目的を達成するための唯一の機関であるならば、国家は文化的な諸目的のための道具でなく、権力の道具となるおそれがあまりに強いのです。私たちが今日のヨーロッパを見さえすれば、どんなに簡単に国家が人間の権力欲にただ仕えるものと見なされるようになってきたか、さらに国家が権力のために文化、教育、芸術、を歪めることがどんなに容易であるかがわかります。もし全く権力を求めず、ただ文化のためだけに存在するある団体が、それ自らの独立した生命を持っていないとしたら、この正道からの逸脱から逃れるチャンスはほとんどありません。

ところが第二に、このすべては単なる行政心理学の問題ではありません。その根はずっと深いところにあります。プラトンによると国家はその統治者たちが政治以上に気高い生を持たないかぎり、真の統治は決して行われません。彼の理想国家の最も目覚ましい規定の一つを先ず読んでみますと、国の統治者たちは法律や政治や社会問題や行政の細部にわたる訓練によってその任務の教育をされることにはなっていません。その人々はむしろ生成し、朽ちてゆく世界から目をそむけて、その本質においておよそ変わることがないものに注目することを学ばねばなりません。すると最後に超越的な善の姿を見定めることができるようになります。プラトンはそのような超越的で変わることのないものを凝視することが私たちの日常の社会生活を規制するための価値の基準を発見することができる唯一の手段であると考えました。私たちがそこに住む変りゆく世界を理解する唯一の道は、それから目をそむけて、不変で永遠的なものを凝視することを学ぶことだというのは、本当に逆説的に聞こえます。しかしこのことは明らかに科学また行為双方において真実であります。

経験的なものはただ普遍的なものによってのみ理解されることができます。科学が世界を征服するのは単に経験的であるものを超えて、理性の把握に進むことによってであります。それで彼の道徳理論においてプラトンはたえず日和見主義と哲学とを比較いたしました。最初の人たちは——それが彼の時代の民主的な政治家たちの代表的な政策だったのですが——ある種の生活や、ある種の人間はほかの種類の生活や人間と変わらないと信じて、個々人の生活と社会との不調和を癒そうとしました。そのため何の識別の原則もなかったので、政治家が目指すことのできる唯一のことは妥協と調整によってその場しのぎの調和を得ることでありました。プラトンは、そのような処理手段は遅かれ早かれ争い合う個々人の間のむきだしな権力追求闘争として表れてくると信じました。他方、プラトンの哲学上の国家は真の価値を理解する能力に支えられているはずのものでありました。そしてそのような個々人や社会の生活の中での価値を理解する能力はただ経験的なものから目をそむけることによってのみ得られました。

もちろんプラトンは民主主義者ではありませんでした。彼の時代の民主主義は彼にとっては私たちの時代の似非科学的民主理論のようにどうしようもない程、数々の価値の否定に身をまかせているように思えました。しかしプラトンは国家はその中に住むすべての個々のメンバーの永遠の生命のために存在すると主張することによって、また永遠的なものを理解することによってのみ社会というものは権力闘争を克服して、そのすべてのメンバーたちの真の利益を提供するものとして建設されることができることを示すことによって、キリスト教的民主主義の理論のための道を準備しました。

私は民主主義のキリスト教的理念が人間の平等と、さまざまの価値と基準の実体との両方を認めるものであることを示めそうとしてきました。もし私たちがキリスト教民主主義を実現し、それを維持しようとするのであれば私たちは永遠に価値のあるものに心して親しむべきでありましょう。ウルフ氏や他の人々がキリスト教と民主主義が両立しえないことに関して述べる一切の愚かしい事柄の中で最も愚かなことは、キリスト教は超俗的だから相容れないということであります。疑いもなく経験的なことと超越的なこととの間の関係や自然的なものと超自然的なものとの関係が誤って理解されているのでありましょう。私たちは超越的なものを、経験的なものを助け回復するものとしてでなく、拒否するものとして考えるかもしれません。またそれを、この人生において、価値を高めるものとしてでなく、一切を等価値のものとするか、あるいは等しく無価値にするものとして考えるかもしれません。受肉の宗教[35]は当然そのような異端を絶えず糾弾いたします。またそれは自然的なものはそれが霊的なものへと導かれて行くことが見られる時に始めて理解され、価値あるものとされるという事実に絶えず帰っていくものだからです。

もちろんクリスチャンは、必ずしも彼らの召命の高さにふさわしく生きているとは限りません。多くのクリスチャンはこの二つの見方を必ずしも一緒に結びつけて考えません。教会は時折すっかり実際的な効用やその折々の不可欠な事柄に心が占領されて永遠の真理にしっかり留まることを止めます。教会は神を忘れ果てるほど人間のことに忙しくなるかもしれません。あるいは反対の過ちに陥いるかもしれませんし、事実陥いることもあります。あるいは教会は人間の生命の救済や、その可能性を否定するほどにまで神の超越性について考えこむかもしれません。教会はまた、この世的でないという精神をあの世主義に変えて、貧しい人々や迫害されている人々に向かって、「この地上でのめぐり合わせに満足しなさい、あの世では王冠がもらえるのだから」と言うかもしれません。こういった過ちのあれこれに私たちはいつも陥いります。しかしそれは私たちがキリストのメッセージに真実に応答しないので起こるのです。そうしてキリスト教会の歴史は、内在か、または超越かのどちらかが強調されすぎると、その時しばらく無視されてきた方を重視せよと呼びかけていることを示しています。

この講演は、教会の社会奉仕と関わっています。このタイトルそのものが永遠的なものにだけ心が奪われて、経験的なものを忘れがちなキリスト教の考え方に対する一つの警告であります。またもし私たちが日毎の社会奉仕の仕事に夢中になって、霊の生命の力を忘れてしまいますならば、同様に私たちは社会奉仕の理想に対して不真実となりましょう。最後に申したいことは、ただ私たちがそのキリスト教の諸原則に対して真実である時にだけ私たちは自由な国家の中の自由な教会の理想に真実でありうるということです。超越的なものについての過度の強調、あるいはむしろそれについての誤った概念はこの世に何の関心も払わず、国家を自然の諸勢力の行為に委ねてしまう教会を生み出します。その時国家は、ただ権力闘争の場になります。経験的なものが、強調されすぎますとそれは教会の独自性を破壊して、教会も国家もその生命力を失って行政の機構になります。

第五章

私はまとめをするにあたって、これらの原則があてはまる具体的な例として長期にわたる失業によって生ずる問題を用いたいと思います。誰も今では現代の失業はそれによって苦しむ個々人によって引き起こされたのでもなく、また個々人が除去できもしない一つの悪であることを否定しないでしょう。ほとんど誰もがそれは、国家が立ち向かうべきであり、その解決のために国家が援助せねばならない、国家の取り組むべき悪であるということを認めるでしょう。失業問題の解決のためにある個々人——それは産業界において創造的な建設的な仕事をする人々ですが——その人々の熟練と進取の精神が多く力になるということがいかに真実でありましょうとも、ほとんど誰も今私たちは国家の活動なしでそれが解決できると言い張ったりはしないでしょう。さらに、私たちはこの国で失業保険が果たした役割の経験を十分に持ってきましたから、ある国家援助型の仕組みの存在を持つことが必要だと確信できます。それがどのように組織されるべきかについては私たちは様々な見解を持つでしょうが、現代の状況下ではその種のものが必要であることは皆が認めています。

不況が始まった初期の数年間は、はじめ私たちは広範囲で長期におよぶ失業に苦しんだのでしたが、その際私たちは国家が失業保険や公的扶助を通して行なっていることが失業者たちのためにできるすべてであり、また原則としてそれだけが必要なことだ、と考えがちでした。さしあたり、失業者が復職できるまで国家は彼らとその家族を支えるために経済援助をしました。多くの議論があったのですが、それは援助金が少なすぎるとか、多すぎるとかについてであったり、行政の実施のありかた、制度を悪用する人々や、あるいはその制度のためにひどい目にあう人々について等でありました。その議論のほとんどは、国家がこのことをもっと多くすべきだとか、もっと少なくすべきだとかでしたし、行政機関がなしうる種類のことについてでありました。ところが常に私たちはこの兄弟たち姉妹たちを、まるでこの人々が単なる機械ででもあるかのように取り扱っていました。すなわち、もしこの人たちが適量のカロリーが十分与えられている等のことがわかれば——一方霊的存在としての一人の人間が必要としているものについては、その霊のかわきはそのままにしておいて——私たちは必要なことは全部やっていると言わんばかりでした。私たちはまるで人はパンだけで生きられると信じているようにふるまいました。(36) なされていることを最も強く批判した人たちはパンが不十分だと言ったのです。ところがこの人々はパンが十分与えられることが、求められている一切であるという前提そのものを問いただしはしなかったのです。何年もの間、私たちすべてはそのように行動しました。私たちの良心が十中八九痛んだにせよ、しかし、それは私たちがその問題を真剣に考えるところまでは進まない程度のものでした。

その時、おどろくべき霊的な感受性と想像力を持った、かなりの数の人々が長期の失業で苦しむ男女の人々に実際にはどういうことが起こっているかを発見しました。そして、その想像力を働かせた分析の結果として救済策を考え出しました。この人々の分析が行き届いて、思いやりがあればあるほど、それだけ一層その人々には長期の失業で苦しんでいる人々がたましいの健康を取り戻すために何が必要であるかがわかりました。また彼らはこの仕事は国家が行うことはできず、最高度の、そして最も純粋な種類のボランティアの奉仕が必要であることを一層確信したのです。

こういった少数の人々が何が誤っていて、そのために何ができるかを発見するとすぐ、アピールが諸教会に送られました。すると、国中で諸教会がこのボランティアの奉仕に協力をしています。国家はこの失業の問題について国家機構が行えないあることが、他の人々によってなされなければならないということを認めました。ただボランティアの奉仕とボランティアの団体だけが役にたちます。このことに関して国家とボランティアの奉仕の両方が、異なった分野で必要とされます。そして両者が協力してはじめて成功いたします。その協力を私たちが理解すればするほど私たちはそれがどんなに不可欠であるかを認識します。ところが私たちはそのような協力は簡単な事柄ではないということを学ばねばなりません。もし、私たちがそのボランティアとしての奉仕によって、国家ができないことを行うべきであれば、私たちは、ただ行政的な慣行が用意できる以上のすぐれた、稀有な性質の仕事をすることによってのみ、それが出来ます。それは最良の法形式によっても表現できないのですが、一方統計的執行報告表が全く取り上げることのできないものが見える、霊的な豊かな感受性をもつことによってのみそれができます。もし協力が実りあるものとなるためには、そのボランティアの組織はその独自の諸性質、その感受性、その実験力、その生命の質に対する強い愛を最高の完成度で維持しなければなりません。それは国家が専門的効率性をもって行えることを単に、不十分な素人のやり方でやるのであってはなりません。

私は思うのですが、私たちの失業に関するボランティア的奉仕の経験で、もうすでに諸教会は国家ができないことが出来るということ、又それぞれの組織がそれ自身の独自の働きを国家の中で行いながら、諸教会は国家との自由な協力においてその仕事を最善に行えるということが示されてきています。しかしその経験は又、私たちがどんなにたやすく基準を下げやすく、もし私たちが高度で類い稀な質の仕事をすることができないならば、全く無用の存在となるということをどんなに忘れやすいかということも示してきました。

いわゆる失業センターと関係して行なわれてきたいくつかの最善の仕事は諸教会のおかげですが、諸教会はまたいくつかの最悪の仕事に対する責任を負わねばなりませんでした。諸教会のやったその悪い仕事のもとは、善意とか援助しようという兄弟愛の欠如などではありません。当惑を感じる事実なのですが、このことは教会の代表たちが人間性を低く評価していたことが原因でした。あまりにも多くの教会失業センターが、単なる娯楽施設になってしまい、それはまるでその支持者たちが、たとえ人はパンだけでは生きないにせよ、ローマの大衆のようにパンと娯楽があれば結構やっていけると信じていたかのようでした。またまるで私たちが教会で人間性について語る事柄はたいていは真実である、と信じる気にさせないかのようでした。あるいは、特別な困難な時には、奇妙な感傷的な混乱状態になって――それは私たち自身も含めていえることですが――、援助を与えようとする人たちについて低い評価を下すことがむしろ親切なことだと考えたので、こういうことになったのでしょう。しかしこのことは、キリスト教の持つすべてを愛と慈悲の外に締め出して、その特質を台なしにいたします。

私は講演の最初に引用した文章の中でトレルチは、「キリストに仕えるその持続する英雄的精神」の故に禁欲的プロテスタンティズムを賞賛しました。私たちが生きているこの複雑で目まぐるしい時代においてはこのような英雄的精神が必要であります。それは、まさにキリストに従うものたちが持つべきでありながら、しばしばそれに欠けがちな、敏感な感受性や、想像力豊かな洞察や、絶対的な基準を確固として保持することが必要だからであります。自由な国家における自由な教会の理想は過去に劣らずこの現代世界において必要であり、実りの多いものでありましょう。その実りの豊かさはあらゆる種類の新しい道筋や好機に際して示されています。しかしこの時代にそれを実現することはこれまで以上にきびしい要求を教会に与えます。自由な国家において自由な教会を私たちが持ち続けるかどうかは諸教会が与えられている機会を最高度に用いるかどうかにかかっております。教会がその高みに登らないとしますならば、どのようにして私たちが自由な教会あるいは自由な国家を保持できるかわかりません。「あなたがたは地の塩である。しかしもし塩が味を失ったならば、なんで味がつけられようか(37)」。

訳注

（1）マタイによる福音書二二章21節、マルコによる福音書十二章17節等参照。

（2）カール・バルト（Karl Barth 1886–1968）。スイスのプロテスタント神学者。主著は未完に終わった『教会教義学』（*Die Kirchliche Dogmatik*）。ドイツではヒットラー政権樹立後、多くのプロテスタントが「ドイツ・キリスト者」としてナチスに追従し、「帝国教会」へと一元化されていく中、これに異議を唱えて抵抗する人々による「告白教会」運動が精力的に展開された。この「告白教会」による信仰告白として作成されたのが有名な「バルメン宣言」（一九三四年）であり、バルトはその中心的な起草者の一人であった。ちなみに一九三四年五月二十九日からその翌日にかけてバルメンの告白教会で開かれた会合には数千人のプロテスタントの牧師たちが集まり、教会にナチ党が介入することを拒否するこの宣言が採択されたのであり、ここに集まった中心的人物の一人は、この時までルーテル教会牧師であったマルティン・ニーメラーであった。リンゼイのここでのバルトの発言についての言及はこの際の出来事をふまえてのことであったと思われる。

バルトは当初国家社会主義を純粋に非宗教的な政治にかかわるものと考えていて、福音の自由が守られるかぎりキリスト教徒とは無関係と考えていたが、のちにそのような中立的立場は不可能と考えて、烈しくナチズムを攻撃した。その結果バルトは一九三五年にドイツを去り、スイスのバーゼルに移ることになった。リンゼイはここでバルトに対して批判的であると考えられるが、それは時代的制約上（この講演の時期と関連して）やむをえなかったと言えよう。なお、当時のバルトの思想と行動についての詳細は以下を参照されたい。エーバーハルト・ブッシュ（小川圭治訳）『カール・バルトの生涯 1886-1968』（新教出版社、一九八九年）、V-VI章。

（3）ミカ書六章8節参照。

（4）Leonard Woolf, *After the Deluge: A Study of Communal Psychology*, Penguin Books Limited, 1937, p. 175. なお、同書の初版は一九三一年に刊行されている。レナード・ウルフ（1880-1969）はイングランドの批評家で、雑誌『国際評論』（*Internatinal Review*）及び『国民』（*Nation*）の編集者としても知られる。妻は『ダロウェー夫人』（*Mrs. Dalloway*）や『波』（*The Waves*）などの作品で知られる著名な文学者ヴァージニア・ウルフ（Virginia Woolf）である。

（5）Ernst Troeltsch, *Die Soziallehren der christlichen Kirchen und Gruppen*, Neudruck der Ausg. Tübingen 1912. なお、近藤勝彦氏「リンゼイとトレルチ――宗教と政治の問題をめぐって」（永岡薫編『イギリス・デモクラシーの擁護者A・D・リンゼイ――その人と思想』、聖学院大学出版会、一九九八年、所収）を参照されたい。

（6）Thomas Carlyle, *The French Revolution*, ed. by K. J. Fielding and David Sorenson, Oxford University Press, 1989, p. 340 参照。なお、同書の初版は一八三七年に刊行されている。

（7）このホッブズ解釈が、リンゼイの民主主義理論の形成にどのような意味を与えたかについては、大澤麦「リンゼイのホッブズ解釈――リンゼイのデモクラシー理論への手がかりとして」（永岡、前掲編書、所収）を参照されたい。

（8）G. P. Gooch, *English Democratic Ideas in the Seventeenth Century*, Greenwood Press, 1987. なお、同書の初版は一八九八年に発行され、H・J・ラスキの援助を得た増補版が第二版として一九二七年に刊行されている。

（9）一六四七年十月二八、二九日、十一月一日の三日間、第一次内戦に勝利したイングランドの議会軍（ニュー・モデル軍）は、当時総指令部が置かれていたロンドン南西のパトニーで、その後の国政のあり方を審議するための会議を開いた。これを通称「パトニー討論」と呼ぶ。会議は急進的政治集団レヴェラーズの起草した憲法草案『人民協約』を支持するアジテーター（兵士代表）と、それを廃案にしようとする軍幹部（オリヴァー・クロムウェル、ヘンリ・アイアトン）との間で紛糾したが、リンゼイがその討論の中に近代民主主義の本質を見たことは我が国でもよく知られているところである。以下を参照されたい。A. D. Lindsay, *The Essentials of Democracy*, 2nd ed, Oxford University Press, 1935［永岡薫訳『増補　民主主義の本質』未来社、一九九二年］、なお「パトニー討論」の内容は、当時の軍秘書官ウィリアム・クラークの速記録（クラーク文書）によって後世に伝えられ、今日では以下のような様々な編者の資料集に収められている。A. S. P. Woodhouse, ed., *Puritanism and Liberty*, J. M. Dent, 1950. G. E. Aylmer, ed., *The Levellers in the English Revolution*, Thames and Hudson, 1975, pp. 97ff. G. E. Aylmer, ed., *Sir William Clarke Manuscripts* 1640-1664, Harvest Microform, 1979. D. Wootton, ed., *Divine Right and Democracy*, Harmondsworth, 1986, pp. 285ff. C. H. Firth, ed., *Clarke Papers : selections from the Papers of William Clarke*, Offices of the Royal Historical Society, 1992. 大澤麦・澁谷浩編訳『デモクラシーにおける討論の生誕――ピューリタン革命におけるパトニー討論』（聖学院大学出版会、一九九九年）。

（10） マタイによる福音書二五章40節参照。

（11） コリント人への第一の手紙八章11節参照。

（12） ウォルト・ホイットマン（Walt Whitman 1819-92）。アメリカの詩人、ジャーナリスト。詩集『草の葉』（*Leaves of Grass*）は有名である。彼は南北戦争以後のアメリカ政治の退廃を嘆き、あるべき民主主義の理想を示した。*Democratic Vistas*（1871）は彼の渾身を傾けた民主主義論である。同書には以下の翻訳がある。W・ホイットマン（佐渡谷重信訳）『民主主義の展望』（講談社学術文庫、一九九二年）。

（13） ウィリアム・ラルフ・イング（William Ralph Inge 1860-1954）。セント・ポール聖堂首席司祭、哲学者、神学者。主な著作に以下のものがある。W. R. Inge, *Christian Mysticism*, Methuen, 1899。［磯田信夫・中川景輝訳『キリスト教神秘主義』牧神社、一九七六年］、他に *Christian Ethics and Modern Problems*, Hodder & Stoughton, 1930.

（14） Walter Lippmann, 'Why Should the Majority Rule?' in Clinton Rossiter and James Lare, eds., *The Essential Lippmann: A Political Philosophy for Liberal Democracy*, Harvard University Press, 1982.［矢部貞治訳『リップマンの神髄』（1）、時事通信社、一九六五年］、八頁。なお、リンゼイとリップマンとの関係については、大谷恵教「リンゼイのデモクラシーの基本理念――W・リップマンとの関連において」（永岡、前掲編書、所収）を参照されたい。なお、A. D. Lindsay, *The Modern Democratic State*, Oxford University Press, 1943,［紀藤信義訳『現代民主主義国家』未来社、一九六九年］pp. 253-255. にもリンゼイはリップマンを引用している。

（15） リップマン、前掲書、一〇頁。

（16）「内なる光」はクェーカー派が強調する教義である。クェーカー派は自らをフレンド派（The Society of Friend）と称して、外的な制度的権威を宗教的には一切排除して、各人の魂を照らす神的な「内なる光」を重んじた。「内なる光」の内容は内に働く聖霊の内的な証しによって受ける啓示である。

（17）ヨハネによる福音書三章8節参照。

（18）「パトニー討論」（大澤・澁谷前掲編訳書、所収）、二七〇頁を参照されたい。

（19）「最大多数の最大幸福」（the greatest happiness of the greatest number）。ジェレミー・ベンサム（Jeremy Bentham 1748-1832）の用いた有名な言葉。ベンサムはあらゆる行為及び法律制定の本来の目標は「最大多数の最大幸福」であると述べた。彼は一七九二年にはフランス共和国の名誉市民となっている。リンゼイはベンサムについて、ほとんど常に批判的である。

（20）Woolf, *op. cit.*, pp. 152ff.

（21）マタイによる福音書六章21節参照。

（22）マタイによる福音書六章22節参照。

（23）マタイによる福音書一二章25節、マルコによる福音書三章25節参照。なお、この一節はA・リンカーンの一八五八年六月十六日の演説中にも引用されている。その中でリンカーンは続けて次ぎのように言う。I believe this government cannot endure permanent by half slave and half free.（私はこの政府は、なかば奴隷、なかば自由で永続は不可能だと信ずる。）

（24）ナチスは一九三三年に政権を掌握するや、労働組合運動の本格的な弾圧に乗り出し、資本家と労働者、計二、七〇〇万人を一つに統合する「労働戦線」を組織した。それは、産業に対する国家の徹底した支配を確立するためのものであった。しかし同時に、ナチスは当時六〇〇万人にものぼった失業者対策として、公共投資、工場設備への財政援助、国内生産機器調達への減税などの積極策を次々に打ち出し、国民の間に新政府の指導力への強い信頼を生み出すことに成功した。

(25) ホセ・オルテガ・イ・ガセ（Jose Ortega y Gasset 1883-1955)。M・プルーストやJ・ジョイスをスペインに紹介したスペインの哲学者、社会思想家。その哲学の主題は、大衆には少数の知識人の指導が必要で、それでなければ大混乱が起るというものである。一九三〇—四六年は南アメリカやポルトガルで暮らした。主著『大衆の反逆』（一九三〇）は、スペイン内戦を予示するものだが、中央公論社、筑摩書房等から多数の邦訳が刊行されている。また、小林一宏ほか訳『オルテガ著作集』全八巻（白水社、一九九八年）は近年新装復刊された。

(26) 出エジプト記二〇章3－5節参照。この第3節には「あなたはわたしのほかに、なにものをも神としてはならない」とある。

(27) マタイによる福音書一二章26節参照。

(28) マタイによる福音書六章33節、ルカによる福音書一二章31節参照。マタイによる福音書では主イエスの言葉として次のように記されている。「まず神の国と神の義とを求めなさい。そうすれば、これらのものは、すべて添えて与えられるであろう」。ここではリンゼイは特に人が高度の活動に従事する場合に、均等性と多様性の割合のかねあいの難しさを思い、まず神の聖旨を追い求めながら事を進めてゆくのが至当ではないかと示唆しているようである。

(29) 最初の工場法の施行。イギリスでは、子どももまた年季奉行人の保護のために一八〇二年、また一八一九年に施行されたが、これは強制力がなかった。一八三三年になって九歳以下の子どもの雇用が禁じられ、年長の子どもの労働時間が制限され、工場に監視人を置くことが定められた。

（30）「労働者教育協会」（The Workers' Educational Association. 略称WEA）アルバート・マンズブリッジ（Albert Mansbridge 1876–1952）によって一九〇三年に始められた。この年ロンドンで成人教育に携わっていたマンズブリッジの提案により、WEAの前身である労働者高等教育推進協会（The Association to Promote the Higher Education of Working Men）が生まれた。マンズブリッジは一九〇五年にWEAの総主事となった。この動きは、二〇世紀初頭において、自己向上を望みながらも、その向上の機会が得られなかった労働者たちを大きく励ました。WEAにその後深く関わるようになった人々は、リンゼイ（一八七九年生まれ）をはじめとして、R・H・トーニー（一八八〇年生まれ）、のちにカンタベリー聖堂大主教となったウィリアム・テンプル（一八八一年生まれ）であった。リンゼイは二人がまだベイリオル・カレッジの学部学生だった時に、オックスフォード大学で二人を知り、この三人のクリスチャンは成人教育に対して多大の関心を持ち、志を同じくしてこの協会の発展のために力を尽くした。

　リンゼイのすぐれた伝記を出版した娘ドルシラ・スコット氏は述べている。「WEAに対するリンゼイの献身的態度を理解することなしには、リンゼイの目指したものは全く理解できない。それはリンゼイが後にウィリアム・テンプルについて記したものからもうかがい知ることができる。リンゼイは言う、テンプルはWEAのために多く尽くしたが、WEAはさらに多くのものを彼に与えたと思う。WEAは、彼に新しい世界を開いた。もし彼がWEAを知らなかったらあれほど偉大な人物にはなれなかっただろう」（Drusilla Scott, *A. D. Lindsay: a Biography*, Oxford: Basil Blackwell, 1971, p. 128）。

　ちなみにW・テンプル（1881–1944）は、一九四二年にカンタベリー聖堂の大主教になっており、そのあだなは「民衆の大主教」(the people's Archbishop)だった。またＷＥＡの会長を一九〇八年から二四年まで務めている。テンプルには著書として『ヨハネ福音書を読む』(*Readings in St. John's Gospel*, 1942)のほかに、『教会と国民』(*Church and Nation*, 1915)、『キリスト教と国家』(*Christianity and the State*, 1928)、『キリスト教と社会秩序』(*Christianity and the Social Order*, 1942)等があり、あとの三冊はリンゼイのこの書物と関係する所が多い。なお、Ｒ・Ｈ・トーニーは『宗教と資本主義の興隆』(*Religion and the Rise of Capitalism*, 1926)の著者であり、一九二八年より四四年までＷＥＡの会長をつとめた。

リンゼイは陶器製造で有名なノース・スタフォードシャの町々で、労働者の向上のために尽くしたが、その働きが後のキール大学設立の土台になっている。一方リンゼイは若い大学の教員たちを励まして、工業地帯のＷＥＡと結びつく教育に従事させ、大学の外でも社会人教育が経験できるように努力した。一九一四年までにはイングランドとウェイルズで一四五のＷＥＡのクラスができたと言われるが、リンゼイはスコットランドにおいてもＷＥＡの教育が行われるように道を開いた。

(31) バーナード・ボザンケ(Bernard Bosanquet 1848-1923)。イギリスにおけるヘーゲル主義の代表的哲学者。ここで言及されている『国家の哲学的理論』は、彼の政治哲学上の代表的著作である。以下を参照されたい。Bernard Bosanquet, "The philosophical theory of the state," in Helen and Bernard Bosanquet: *Works on Economics and Social Welfare*, Routledge/Thoemmes Press, 1996. 他に *The Principle of Individuality and Value* (1912)も有名である。A. D. Lindsay, *The Modern Democratic State*, 二四三頁以下でリンゼイはボザンケについても論じている。ボザンケは英国経験主義への理想的立場よりの批判の代表者とも言われる。なお、永岡訳『増補　民主主義の本質』二一

一、二一二頁を参照されたい。

(32) トマス・ヒル・グリーン（Thomas Hill Green 1836-82）。イギリスの哲学者。前出のボザンケ、フランシス・ブラッドリらとともにオックスフォード学派に属し、ドイツ観念論を取り入れたイギリス理想主義運動を展開した。父は牧師。その主著は『ヒューム入門』（*Introduction to Hume*, 1874）だが、理想主義の立場からヒュームの哲学をきびしく批判している。なお、リンゼイとグリーンの思想的関係については、以下を参照されたい。萬田悦生『近代イギリス政治思想研究――T・H・グリーンを中心にして』（慶應通信、一九八六年）、二五七頁以下。他に『倫理学序説』（*Prolegomena to Ethics*, 1883）が有名である。

(33) T. H. Green, *Lectures on the Principles of Political Obligation, and other writings*, ed. by Paul Harris and John Morrow, Cambridge University Press, 1986 ［北岡勲訳『政治義務の原理』、駿河台出版社、一九五二年］八九頁以下。

(34) 初代ビーコンズフィールド伯ベンジャミン・ディズレイリ（Benjamin Disraeli, 1st Earl of Beaconsfield 1804-81）。イギリスの政治家、小説家。若いころから小説を書き始め、三十代で政界入り。保護貿易主義を掲げる保守党の政治家として台頭し、第一―三次ダービー内閣の蔵相を経て、一八六八、七―八〇年には首相を務める。本文で言及されている『エンディミオン』は、ディズレイリが政界引退後の一八八〇年に書いた政治小説である。

(35) 「受肉の宗教」（the religion of the incarnation）。万有の創造者であり、救済者である神の意思が一言で言い表わされている言葉であり、リンゼイに関して言えば、その民主主義論の土台をなすと言える。

これに関する聖書の中心の聖句は以下のとおりである。「そして言（ことば）は肉体となり、私たちの中に宿った。私たちはその栄光を見た。それは父のひとり子としての栄光であって、めぐみとまことに満ちていた」（ヨハネによる福音書一章14節）。聖書の証言によれば、神のみ子イエス・キリストは肉体を持った人として世に来た。すなわち人として生まれ、育ち、神の国の福音を宣べ伝え、悪鬼を追い出し、苦しみ、十字架上で、人の罪をあがなう死をとげた。その方は、聖なる神の性質を持ちつつ、卑しいしもべの姿をとって神と人に仕えつつ、父である神の意思に死に至るまで従順に歩み、謙遜そのものであった。このようにこの方は人としての経験をつぶさに味わい、悪の力による誘惑にも出合ったが、最後まで罪を犯すことはなかった。この方の中には、神性、人性が和合して存在し、神の子と呼ばれたが、自身は自らのことを「人の子」と呼んだ。

このキリストは「天から来た第二の人」（コリント人への第一の手紙一五章47節）と言われるが、いわゆる「第一の人」は、善いものとして創造されたが、罪を犯した人類の代表としてのアダムのことであり、一方この「第二の人」と言われて、人となって、救いを完成、成就して復活した方は、再生を受け、聖とされる人類の代表である。人類にとってアダムは又古い契約の代表である。他方人類はキリストにおいて新しい恵みの契約を与えられていて、すでに潜在的に新しい性質を与えられている。その点アダムは古い人の筆頭者、キリストは新しい人の第一人者である。

リンゼイは聖書をとおして神の子が人として来臨したことが示されていることに土台を置いて、人が神の子どもたちとして、またキリストがその長兄である兄弟姉妹として創られていることを重要視する。リンゼイはキリストと思いをひとしくして、外見がどうであれ、人はひとりひとりがかけがえなく神のみ前で貴いと考える。以下のキリストの言葉を参考にしたい。「人が全世界をもうけても、自分のいのちを損したら、なんの得になろうか。また人はどんな代価を払ってそのいのちを買いもどすことができようか」(マルコによる福音書八章36、37節)。すなわち神にとっては、ひとりひとりの生命は、全世界以上に価値があると言えるほどかけがえがないのである。この神が大切と思われる人が、自分とともにほかの人々をも大切だと考えることが、リンゼイの民主主義論の根本をなしていると言えよう。それがリンゼイが民主主義は信仰の所産であるという所以である。

(36) 申命記八章3節、マタイによる福音書四章4節、ルカによる福音書四章4節参照。

(37) マタイによる福音書五章13節参照。

解説

この書の原題は The Churches and Democracy である。

一九四〇年にリンゼイはドイツの社会学者カール・マンハイム（Karl Mannheim）と度々会い、リンゼイはこの著書をマンハイムに貸した。マンハイムは読了し、感謝して、「あなたが一九三四年の早い時期に、今日やっと明らかになってきた時代風潮の意味を理解されていたことに驚いています」と書き送った。* リンゼイの語り口はどちらかと言えば、平易で静かであるが、その背後には激しいパッションが秘められている。他のすでに邦訳されたリンゼイの書物同様、この書物も多くの読者の心を打つものがあると思う。

タイトルの「諸教会」は、リンゼイ自身が、父トーマス以来、スコットランド自由教会の出身であることも関係すると思われるが、いわゆるピューリタン諸派に属する自由教会を意味すると思われる。

* D. Scott, *A. D. Lindsay : a Biography*, p. 267.〔訳注（30）参照〕

それはリンゼイが現代民主主義の起源を十七世紀のイングランドのピューリタンの集会に見いだしていることと関係していよう。しかしリンゼイは宏量であり、「諸教会」という言葉を幅広い意味で使用していることが多い。

第一章でリンゼイは先ず、キリスト教諸教会と特定の統治形態との関わりを問うことから講演を始め、「カイザルのものはカイザルにかえすべきである」という聖書の言葉を引用する。しかし一方イエスの生きた時代と異なる現代では、市民は誰でも政治に配慮する責任があると常識的にこたえる。歴史の中でも現実には教会は政治に関心を持ち続け、統治の責任を持つ政府に対して民のために正義と憐れみを求め続け、統治者の悪行にも抗議した。ただ、教会は、その統治形態そのものにふみこんでまで積極的にその意思を主張したとまでは言えないかもしれない、とリンゼイはことわる。

キリスト教と民主主義の次の問題として、政治的統治に関して言えば、例えばL・ウルフ氏のような人は、教会がその歴史の中で君主制的権威主義にくみして権威主義また教条主義をふりかざしてきたことから、キリスト教と民主主義とは相容れないものだと論ずる。しかしリンゼイは後半でウルフ氏の過ち、誤解を明瞭に指摘している。他方ある教会関係者たちは、自由主義とキリスト教は両立しえないと述べたが、フランス革命の精神に根ざす自由の旗をかかげた民主主義は、反キリスト教的なものとなったことは認めざるをえない。

ルターにも過誤はあったが、ルターの「信徒はすべて霊的祭司である」という宣言は結局近代ピューリタニズムを経て、民主主義の源泉となった。ローマ・カトリック教会と異なるアングロ・サクソン世界ではこれまでは政治組織は、民主社会に順応できることが示されてきた。そしてイングランドの非国教徒の集まりから、西欧民主主義が起ったことは否定できない。

この後リンゼイはトレルチの著書にもとづいて、キリスト教史上の二つの大きな社会哲学について述べる。この第一は、中世カトリシズムのトマス的な社会哲学であり、その第二は禁欲的プロテスタンティズムの社会哲学である。リンゼイは特に後者に重点を置いて話を進める。トレルチによれば、これは一面では、近代の合理主義や功利主義に近く、十九世紀の自由主義を生み出したが、M・ウェーバーの論ずる所に従って、この社会哲学が資本主義に必要な徳目をもたらしたとする。他方トレルチは明らかに、これがキリストに仕えようとする英雄的精神をとおして、近代生活の道徳的危険性とたたかう道を知っていたとする。トレルチは「フランス革命から発展した合理的かつ抽象的な啓蒙主義哲学」とこの社会哲学が親近性を持つと述べるが、またこの社会哲学こそが、フランスの合理主義的民主主義に対抗しうる唯一の重みと実力のある勢力であるとも述べている。リンゼイはトレルチが、一九一一年にこのことを述べ、これは正しかったと指摘するが、それと共にトレルチは新しく生起した経済秩序の結果、この社会哲学の使命はほぼ終わり、新しいキリスト教哲学が必要だと考えていただろうと述べている。しかしあとでリンゼイは、もう一度トレルチを取り上げて、この社会哲学の使命は終わっていないと主張している。

リンゼイはこの講演の中で、このトレルチの見解を検討してみたいと述べて、さらに次の三点をあげる。すなわち、一、自由諸教会が民主主義のためになした貢献。二、この貢献と哲学的急進主義のなしたこととの違い。三、自由諸教会は、今日の問題にいかに貢献できるか、である。

十九世紀のアメリカ合衆国の民主主義も、フランス革命も、もとをただせば十七世紀イングランドのピューリタニズムにさかのぼる。一方十七世紀のイングランドの民主主義はピューリタニズムと自然科学の影響を受けた。両者共に個人主義的だが、前者の個人主義は人間の協力関係の中の個人主義であるのに対し、後者のそれは、物理学をモデルにして、社会の理論を構成してみようと試みたトマス・ホッブズが主唱者であって、人間をすべて同一の原子と考える科学的個人主義である。彼によると社会は全く同一の構成単位から成ると考えるのが至当である。これによっていわゆる哲学的急進主義の抽象的な平等観念が生み出された。

ここでリンゼイは先ず、一、の自由諸教会の民主主義に対する貢献について歴史的事実をふまえながら入って行く。十七世紀のピューリタンたちが民主主義についてどのように考えていたかは、「クラーク文書」に記録されている討論によって明らかだが、[*]この討論の場にいた人々とその後継者たちの経験が、後の民主主義に対して大きな貢献をした。リンゼイはその経験の中で、特に三点を選んで論じたいと言う。(1)いわゆる万人祭司の教義に含まれる人類平等の原則について。(2)小さい集会がそれぞれ単位を形づくって始めて大きい普遍的社会が構成される。(3)自由教会の概念に含まれる教会と国家それぞれの機能の間の関係について。

(1)について、リンゼイは人類平等の学説はしばしば誤解を受けてきたことを述べ、能力、思慮分別のなされ方、天性、気質等や明らかな人間の違いを指摘し、その違いはあまりにも明らかだが、しかし人間は皆天の父の子であり、そのことはどの人にもかけがえのない貴いものがあることを意味している。それが人類平等の教義を支持するとキリスト教は告げているという。そしてマタイによる福音書二五章40節を引用する。またリンゼイは新約聖書中のパウロの手紙の一節を引用して人類平等の教義の説明をし、その後にW・リップマンを援用して上記の主張をさらに裏づける。人間同士の差異がいかに大きくても愛の父である全能者の前では、その差異は問題にならなくなるし、またキリストも万人を等しく愛する神の心を体して神の国を宣べ伝えた。人間性についてのこのようなキリスト教的理解が民主主義の平等観の基礎にはあるとリンゼイは言う。

ところが十七世紀のピューリタンたちのように、全信者が霊的祭司であることを信じる時に、この人々は特権が与えられると共に責任を担うことになる。自由教会の集まりの中で最も重要なことは、神の意思に従うということであり、個々人は自らの良心の促しによって発言することがあっても、自分の意見に固執せずに、神の霊の導きにゆだねることを第一とすべきである。それがクロムウェルが

＊　なお『増補　民主主義の本質』全体、特に第一章を参照されたい。

述べた「ほかの人々に判断させなさい」という言葉の真意であろう。この経験を重ねることで「集いの意識」(sense of meeting)が形成され、それが集会員全体の力となるのである。*

このことに関連して普遍的社会の単位——礎と言ってもよいであろう——としての個々の、どちらかと言えば小さな集会の意義の考察、すなわち(2)へとリンゼイの筆は進むのである。

(2)十七世紀イングランドの民主主義と関わって、その力になったものは、再洗礼派、独立派、クェーカー派の三つであったが、この三派は万人祭司の教義を中心的に受け入れていたというよりは自らの自治的集会を建て上げることを強く求めていた故に民主主義に貢献できた。彼等にはそれぞれ自分を超える共通目的があり、それが彼等を結束させ、その交わりを整えた。この共通目的の故に、各メンバーが自分の集会に貢献できるものがあると気づき、励ましと力とを得た。これはリップマンの言う霊的神秘的直覚を得たからでもあった。人々の差異や特性はマイナスに作用するどころか、全体の調和のために必須であるとわかった。小さな集会での持続的な日常的な幅広い経験こそが、社会を真に民主的にするのであり、具体的な、それ程大きくない交わりの中での個人的な貢献の経験があってはじめて民主主義は身に着いたものとなる。逆に大規模な民主機構は動きも遅く、個々人の生き生きした責任感が働く余地のない場合が多い。教会を始めとする社会の中の自由な小さな共同体が真の民主社会を生み出す土台であり、それ故にその共同体には生命と目指す目標が不可欠である。

そこで小さな共同体とより大きな組織との関係が当然重要なものとなってくる。こう述べてリンゼイは(3)を論じはじめる。

(3)ある特定の人は、自由教会の中で神の目的や自分の使命を見出し、自分の場所を得るが、その集まりには社会生活を円滑に行う責任もある。その交わりの調和のためには当然寛容が必要となる。それは万人祭司の原則と結びついていて、それぞれ異なったメンバーが互いに助け、補い合うことで、神の諸目的が達成されるという信仰に土台を置いている。聖書に「キリストの心を心とせよ」(ピリピ人への手紙二章5節)とあるが、キリストの心は多様性の調和の中に一層よく表されると言えよう。**目的実現のためには、違った各自の賜物が必要なのである。種々の教派を認めない統一状態よりも、各種教派があって互いに協調しあう方が一層豊かな信徒の生活や献身が生み出せる。画一化や組織や信条は、本来は多用性に仕えて真にそれを生かすはずのものである。ここでは権威主義的見解、トレルチのいわゆる「フランス合理主義的民主主義」とは本質的に異なる統治の概念が提示されているとわかる。

権威主義的見解は、たとえば高邁な倫理的目標を掲げるが、その定式化、規範化が必要であるとする。そしてその結果、規範化、画一化をそのメンバーに押し付けることが常道となる。もう一つの全く考えを異にする組織は、ある程度の規格化、画一化の必要は認めるが、異なった人々の賜物を生か

＊『増補　民主主義の本質』第三章〝共同思考としての「討論」と「集いの意識」〟がよい参考になる。
＊＊　さらにコリント人への第一の手紙一二章、またローマ人への手紙一二章5―8節を参照されたい。

すことを主眼としている。

フランス革命と深く関係するフランスの合理主義的民主主義理論は、個人の価値、権利を重んずる所から出発するが、前述のホッブズ以来の哲学的急進主義下の、いわゆる科学的原子論に影響されて、社会も自己の利益をむき出しに求める原子的人間から成っていると考えて、それぞれの人間の自己利益の増幅を社会組織は大いに認めるべきだとする。この結果人々の追求する幸福は当然互いにぶつかり合い、社会的問題をかもし出す。人を平等の原子論的存在と考える故におよそ貴ぶべき倫理的価値は軽視されるか、無視されることとなる。以上キリスト教的また科学的民主主義が原理として異なったものとして提示されているが、もちろん重要なことは、それが実践においてどのように表れるかということである。*

リンゼイはここで、民主主義の理論を「民主主義とは、万人祭司主義の原則を社会生活に適用することである」と要約する。そしてこれに土台を置くことによって生じる民主組織は個人の独特の貢献を認め、それを大きく願う意図を持ち、その平等の概念は似非科学的社会観の主張する平等観と正面から対立すると述べる。このことはある意味で驚くべき言及である。というのは万人祭司主義は、すでに叙述されたように元来キリスト教会の信徒について言われてきたものである。リンゼイはそれを一般社会に押し広げて当てはめている。もちろんリンゼイは、BBCでの放送講演『わたしはデモクラシーを信じる』の第二回目の講演の中でも、人は等しく兄弟愛に結ばれている仲間である、とか、

「私たちは皆唯一の父である神の子である」という言い方で、デモクラシーの言う人間平等の教理を説明する。また「私の兄弟であるこの最も小さい者の一人」（マタイによる福音書二五章40節）という主イエスの言葉を引用して、この裏付けをしているが、** この教理に根ざす社会がつくり出され、しかもこれを土台とする民主的組織が当然のこととして生まれなければならないと言うのである。*** 続けてリンゼイは、似非科学的社会観のもたらした影響と、それに根ざした民主主義理論の誤謬と悪しき結果について鋭く厳しく糾弾する。言うまでもなくリンゼイはそれに対する反論を考慮しつつ論を進めている。

さらにリンゼイは、歴史は人間の環境と確信との間の戦いであって、これは基本的事実であると述べる。リンゼイによると、人が自らの中にある真理を守り抜き、自分の生涯で何が最重要であるかを

* なお、これについてはA・D・リンゼイ『わたしはデモクラシーを信じる』（聖学院大学出版会、二〇〇一年）に含まれる「キリスト教的個人主義と科学的個人主義」がよい参考になる。

** これについてはさらにパウロの手紙、コリント人への第一の手紙八章11―13節（弱い人こそ大切である）、またコリント人への第二の手紙五章15節（キリストは万人のためになくなった）等を参照されたい。

*** これについて思い出されるのは、十七世紀のクロムウェル配下のリーダーたち、兵士たちは、誰もが説教ができ、神学者であったという言葉であり、この当時いわゆるパブ（居酒屋）で庶民が政治や神学を大いに論じたという言葉である。

はっきり心得ていないと人は環境に支配されるものとなる。

ここで著者は話の方向を変え、現代において社会環境が巨大な力を持つに至ったことを述べる。その顕著な事実は応用科学がもたらした結果で、これは人の生活環境を変え、人の生活と労働を規格化させ、人はその中で簡単に交換可能な歯車とされて行く。科学は機械化時代を生み出し、われわれの社会生活全体を変えてきた。

この故に科学的民主主義の時代が来たのでもうキリスト教民主主義議論は古いという人々があらわれたのみか、民主主義の理想そのものが信じられないという傾向が生じてきた。この点に関しては以下の四点が考えられると著者は言う。

(i) 機械化による生産手段の変化、成功により、非民主的な組織化が進んだ。十九世紀に政治は民主化されたが、産業界では組織化が進み、少数者が全体を支配することとなり、産業民主社会は内輪で相争う家である。

(ii) この機械化された産業界は、少数のエリートと未熟な画一労働をする人々を分離した。いわゆる名人芸を持つ職人は消え失せる。これは軍隊組織で民主社会の構造とは言えない。

(iii) この巨大な組織の中の主要関心事は技術管理と、専門知識の問題である。いわゆる大衆組織は民主的健全な力を持たず敗北し、統率される。近年のドイツやオーストリアの例にそれが見られる。

(iv) 機械化時代は人を機械のようにし、人の個性も個性的生活も打ち壊した。丸山真男氏も述べているが、行動や楽しむ仕方さえも集団化させる。地方には独特の良さがあったが行き過ぎた都会化が、古い選挙区のよいものを壊した。一方大衆文化が幅を利かせてきて、画一化が進んだ。人は操られて同一意見になってきている。

続けて著者は大衆宣伝活動の巧みさに言及し、オルテガの言う「大衆の反逆」は民主主義にさから う反逆であって、いわゆる大衆活動は民主的でないとする。個性が見出せない。認められない人々が構成単位となってしまった社会が生まれれば、それは専制政府への道を備える。

ホッブズは専制政府が原子化された社会を統治できるとしたが、ベンサム、マルクスはホッブズを引きついで、それを民主主義と結び付け得るとした。リンゼイはそのキリスト教的民主主義理論をとおして、この過ちを指摘することを試みてきた。そしてこの過ちの実例としてドイツ、ソビエト・ロシアをあげることができるが、もしこの経済的大衆勢力が勝利し、現在の民主社会が消滅すれば、キリスト教諸教会も消滅することは確実であるとする。

この当時起こりつつあった大衆組織が世論を形成する独占的勢力となれば、別の独自の主張を持つ組織化された少数勢力は生き残れなくなる。ドイツのルーテル教会の行き方をイングランドのキリスト教自由諸教会がとることができないとすれば、われわれの責務は、われわれの独自の生活またキリスト教精神に対して独自の貢献をすることとしかないと著者は述べる。

ヒットラーは、失業問題と経済の混乱に助けられて一九三二年にナチス党を国内最大の政党にし、翌年には首相に就任した。この書物の出版された一九三四年にヒットラーは、党内の反対勢力を一掃してその地位を確実にして独裁権を掌握し、総統となった。この時代に書かれたこの書物は当然その時代背景の下で読まれるべきであるが、著者の提示しようとする問題とその解決の方途は、今の時代の民主社会と国家にも参考になることが多いし、特に著者の述べる解決策以外に民主社会が存続できる道があるだろうかと読者に考えさせる。特に日本の現実をふまえて考察する時に、示唆する所が甚だ大きいと思われる。

第二章でリンゼイは、民主主義の危機に遭遇している現在われわれが道具を使う主体でありうるか、それとも道具に使われる身になろうとするのかという、あれかこれかの問題提起をする。そして「われのほか何ものをも神としてはならない」（出エジプト記二〇章3節）という旧約聖書中の十戒の第一戒を心にとどめつつ問いを発する。経済的無干渉主義は、社会の土台を揺るがす諸悪をもたらした。万一この害に十分対処でき、これを処理できる政治組織をイングランドに導入しても、ここイングランドでは、ドイツやソビエトロシアのような状態にまさか陥ることはあるまいと考えるとすれば、それは機械化産業の便益と小さな集会の自由との両方を得ようとする二兎を追うやり方であり、これは身勝手で虫のよい考え方であって、不可能である。

ここで著者は、ドイツ、ロシア、イタリアの例をあげる。彼らはいずれも統括した一般大衆の勢力に根ざした権威主義的政体を持った。もし、イングランドが、この国々の手法にならおうとすれば、イングランドも同様な権威主義的政体の下で統括されるしかないことを覚悟すべきであると著者は言う。現在経済関係のもたらす圧力は多大であり、トレルチの述べた「禁欲的プロテスタントの社会哲学」は、産業文明下で力を発揮できなかったと一見思われるかもしれないが、リンゼイは、この理想の原理が似非科学的民主主義によって歪められ、不明瞭となったからこそ実効がなかったので、この理想－原理が、明確化されれば、それは生命力を発揮して問題は解決すると述べる。

ところで著者は全能国家理念の復活の兆しを認める。そしてこのような国家の政治体制の下では、すべての国民は国家のみに忠節を尽くすべきで、社会の中のそれぞれの自由諸団体と国家との双方に忠誠心を分割することは許されないのであり、しかも国家のみが組織化された支配力と強制力とを行使できるのである。このリンゼイの分析は第二次世界大戦以前の日本、特に十五年戦争開始前後の日本を思い出させる。この時の日本もまた、ドイツ、イタリアと手を組む全体主義国家の一つであり、天皇が元首である国家にまさって大切なものは皆無とされつつあった。

どうして国家の威信がこれほど上昇し、その強制力が、増強されたかについては二つの説明をリンゼイはしている。第一としては、民主社会の社会的条件が機能しなくなったので即刻の埋め合わせが必要となったのか、あるいは第二として、社会の諸目的の中で国家の強制行為を伴っておこなわれるものに決定的優先権が与えられることになったかが考えられる。これは国家の息のかかった団体のみが優遇され、自主的な明瞭な目的を掲げる小集会、小集団は無視されるということになる。*

ここでリンゼイは、「民主主義は生き生きした信仰を必要とする。また仲間を信じる信頼が必要である」（三五頁）という重要な言葉を述べる。社会がばらばらになれば群衆心理があおられ、強制力を用いるしか纏まりをつけることができない。例えば、一六四〇年ロンドンで長期議会が再召集された頃、国王と議会の間の関係は極度に悪化して社会不安や恐怖に人々がおびえた時、ホッブズもすぐさまパリに逃避したが、こういった傷の深い社会では、民主主義が育つ余地はない。第一次世界大戦の影響は多大であって、西欧諸国の中では、民主主義諸国の方が、持続的忍耐力はあったが、当然それぞれの国でそれなりの苦難があった。

社会的分裂の破壊作用に対して教会には社会に生命を吹き入れる責任がある。ここで著者は民主主義は政治の理論でなく、社会の理論であるというよく繰り返される基本概念を違った言葉で表現している。すなわち、政治的民主主義の仕組みができれば近代民主国家ができるわけではない。民主共同体の表れとして政治的民主主義が生まれてくる時にのみそれは正しく機能するので、あくまで大切なのは、社会の中の自発的諸団体の存在とその働きである。

ついで著者は討論の重要性を指摘する。個々の人々は、家族をはじめ自分の属する団体や組織が必要であり、また、目的と意思を持った共同体が討論をすることによって常識を養うことが目標である。討論によって自他の考えが理解されて行くのである。共同体としての自らの関心事を大切にすることがなければ、人は個々人のままで終わり、大衆宣伝活動の機関の中に埋没してしまうしかない。イギリスでの社会生活はこれまで組織と社会の自由を保持することはできたが、産業化社会につきものの社会的分裂を克服するには至っていない。

ここでリンゼイが述べる「民主主義は差異と多様性を奨励すべきものです」（三七頁）という言葉も重い。イギリスの歴史の中で人々が自由を得るために戦った証左として、イギリス憲法の三大法典と言われるマグナ・カルタ（大憲章、一二一五年）、権利請願（一六二八年）、権利章典（一六八九年）が思い出されるし、またミルトンが言論、出版の自由のために執筆した『アレオパジティカ』等も思い浮かぶ。差異や多様性を重んじ、共通の理解と相互の思いやりを持ちやすいところは何といっ

＊　国家の機能に関するリンゼイの他の著書の中からの言葉を参考に引用しておきたい。

1．「国家は共同体のしもべである。国家の目的は共同体をいっそう真の共同体にすることである」（『現代民主主義国家』ＯＵＰ版、二四頁）。

2．「善い生活の妨げになるものは数々あるが、国家もその一つになる可能性がある。国家の行為を評価するその基準はその強制力が自由を促進することになっているか否かである」（同右）。

3．［現代民主主義国家は、熟練、知識、専門性の正しい理解を、庶民に共通する人間性の尊重の思いに、その国家が結びつけることが可能である場合に限って存在しえる」（同二六頁）。

4．「民主主義国家は、せいぜい真に民主的な宗教集団から類推されたものにすぎない」（『自由の精神』ＯＵＰ版、一九頁）。

てもキリストの教会である。教会には共通の霊的目的があり、共有できる意思もある。イタリアとロシアとドイツが行ったわざは後に明るみに出た。リンゼイは聖書を引用し、この当時に、その必然的結果は誰の目にも明らかだと述べた。リンゼイの預言は適中したと言えよう。ドイツの国家社会主義もソ連の共産主義も、イタリアのファシズムも批判勢力をすべて抑圧することを通して、全体主義国家をつくり上げて統一化をなしとげたが、リンゼイの言うとおり、叡知を獲得せず、それはおよそ叡知と程遠かった。リンゼイは「教会は民主主義の学校であった」と述べたと言われるが、*教会を始めとする民主的自由諸団体が育って民主社会が形成され、それが産業化社会の病根を癒し、健全さを取り戻す以外に道はないと著者は考えていたと思われる。

以上で第一の説明の部分が終わり、第三章では、第二章にあった第二の説明に入るが、ここでは複数の理想の不一致が問題となる。しかもこれは、国家の真の目的について意見の不一致があるということである。ただ強制手段によってのみ達成できるその結果が大きく印象的なので他の比較できる社会的目的はないも同然となってしまう。これは産業組織の発展の結果、規制その他で国家の介入が莫大になっているからである。** かっての自由放任主義は、今は顧みられない。国家統制による干渉が当然必要である。しかしこのことは、自由はできるだけ抑制されて完全な統制こそが望ましいということとは異なる。われわれはあまりに簡単に、完全な計画経済か、それでなければ、自由放任的個人主義かの二者択一案を考えるが、それは浅慮である。

覚えておくべき二つのことがある。ひとつは、画一化、規制化があっても、なお多様性、個々人の独特の経験や、それが生きる余地のあるものこそが、最も有効な働きをするということ、第二は、人間性の中の貴重な営みはある均等化の下では萎むということである。

ここで著者は、科学研究の世界が一つの自由な共和国であることを思い出させて、ソ連が自然科学者たちに自由を与えた事実を述べる。科学について当てはまることは、教育、芸術、宗教に同様に当てはまる。高度の活動には一層の多様性が要る。人物の活動には画一性と多様性、強制と自由の双方が必要だがあまりに均等性に心が奪われると、より自由で高度の活動が萎縮する社会構造を打ち立てることになる。主イエスは、先ず神の国を求めよ、そうすればこれらすべては君たちにおまけとしてくる、と言われた。われわれは社会の中でより高度で自由な活動を願うし、心を自由にして神の国を求める（神に信頼する）ことによって一層自由で高度の恵みによる活動を行うことを願うのである。

＊　福田歓一『近代民主主義とその展望』（岩波書店）一九七七年。三五頁。

＊＊　リンゼイが経済学についても造詣が深いことは次の二著からでも知られる。*Karl Marx's Capital*, The World's Manuals, O. U. P., 一九二五年。木村健康・音田正己訳『資本論入門』（弘文堂）一九二五年。改訳『カール・マルクスの資本論』一九七二年。*Christianity and Economics*, Macmillan, 一九三三年。特に後著はこの書に関しても参考になるところが多い。

やはり完全な組織化や、自由放任主義は理想としては不可能である。これは明々白々だし、それならば再度キリスト教民主主義の経験を検証してみようとリンゼイは言う。それによると、小さな共同体においては、それぞれのメンバーが、その賜物を生かし、話し合いや、交わりをとおしてその目標を目指して行く機会を得ることが願いである。互いの差異がマイナスにならずに、むしろ互いの徳をたてることになることで、真の共同体ができる。規則は、それができる枠組みを作ってそれを助けるためにある。

キリスト教民主主義の経験によれば、共同体の持つ法規や機構の目的は、その共同体の豊かさと自発性に仕えることである。こう考えればすでに述べたとおり国家の機能も仕えるという目的のためにあるので共同体がいよいよ共同体らしくなればなるほど国家はその目的を達成することとなる。

国家は先ず（個人の自由と尊厳とを認めて）社会生活の自主的な力と自発性とを当然のこととして認めるべきであり、法則や規律は必要だが、共同体が健全に発展するために、また活気や自発性が溢れすぎて不調和状態が生起した時には、それを癒す働きをすべきである。どんな法律も生命的共同体を創ることはできない。共同体こそが社会の中で主たるべきものであり、国家は従たるべきものである。国家が独立した諸団体の忠誠心を独占して自らのみに従わせるとすればこれは全くとんでもないことである。

このことは近代民主主義国家の行政の現実に当てはめて考えてみると、現実離れがして非常識と思われるかもしれない。現実の困難や問題を率直に認めて、現実のわれわれの歩みはたどたどしいことを認めながらも、この国家のあるべき姿はしっかりと心にとどめるべきである。国家のなしうる第一の初歩で基本的な事柄は、国の法と正義を用いて議論を平和裡に解決することである。その点で国家の戦いは、永続的戦いである。これは丸山眞男氏がよく言われる「民主主義とは永遠の革命である」という言葉と相応ずるものと言えようか。

国家の行うことの第二は、強制力を含む法を用いることである。権利とは行う自由であるが、国家は市民たちの諸権利を守るために、法による強制行為を行う。人にはそれぞれ自由があるので、ある人が他の人の自由をある程度以上妨げることがあってはならないという原則と、共同生活が、目標としてかかげるその計画に土台を置くということに根ざして法の制限は定められる。ただ法の強制はある特定の人でなく、一般の人々により多くの自由を与えるために用いられねばならないし、またそれは共同体が育て達成しようとする自由な構想を助長するために用いられるのが当然である。

国家が共同体に仕える第三の道は、国家が市民たちに最低限の基準の経済生活が行えるその手助けをすることである。人はある程度の経済生活の保証があって始めて自由となれ、冒険ができる。もしそうでないと、人は機械の歯車となるしかない。法や規制は社会の中の冒険的事業や、自発的活動を促進させるためにもあるべきである。

第四の点を考えたい。それはガス、水道、道路事業のような公共事業は当然のこととして独占事業になりやすい。しかも公衆には制御する手段がない。これは、国家あるいは公けの統制手段をまつしかない。ここで気づくことは、電力や水力事業の規格化は国家の公共事業にかかわる業として必要であるが、その種の規格化をすべての分野に適用することはできない。選択や多様性の自由に貢献できる規格化は、それぞれに即した仕方でなされなければならないし、それができれば社会は一層活力に富む。

ある量の法規や規制は、社会での自発性の育成や独創的企てを育てるために必須であるが、その量や種類がどの程度必要かは容易に定めにくい。そのためには絶えず見張ることが必要となる。いざという時に立ち向かえる用意ができていて、不測の事態が起っても慌てない柔軟さが切に求められている。以上述べたすべてのことは、生命に関することを異なった言い方で述べたに過ぎない。大切なものは共同体の自覚と感受性である。

国家の働きの中で重要である最後のものは、社会的に豊かな感受性を提供する働きである。肝要なことは、生き生きとした感受性を持つ共同体の存立であり、政治組織のできることはそれを保護し、せいぜいその纏め役をやって、それが一層豊かな感受性を持つものにすることができるにすぎない。しかしそのこと自体十分重要である。民主機構が存在することによって共同体はそれ自らの問題を意識することができる。議会は討議を組織化して行うその頂点に立つが、それは僅かな討議しかできない。討議は正確で信頼のできる情報、知識に基づいてはじめてできるのに、その実現は困難であり、文官業務に携わる人々は専門家集団で、討議もされないままにその仕事が行われることが多い。

民主社会で最重要なものは、経験を積んだ教養のある民主団体の存在である。それがあって始めて政治は真に機能する。現実は理想にははるかに届かないが、政治の真の仕事は共同体に仕え、共同体が豊かな生命を持てるようにすることであり、法規はこの自由に仕える道具であり、共同体に豊かな感受性があれば、強制と自由とを真に釣り合った状態にすることができること、そのためには全体主義政治でない民主政治のみが、その民主社会の豊かな感受性の受け皿であることを認めることこそが最上の進歩と言える。

この結論が貧弱で無力だという意見があろう。しかしわれわれは近代文明の悪のもとに沈んでいて、根本的改造以外に道はなく、希望もない。

これまでリンゼイが述べたことは、民主主義と自由主義の理想を守ること、しかも社会主義と両立でき、これに反しない、広い意味の自由主義こそが貴ぶべき社会的理想だという主張だった。この社会的理想はまだ現実化されず、めったに理解もされず、現実にはただ欠陥を露呈した教義のみが横行し、経済的利害関係や不平等が入りこんで、多くの共同体はさらに不自由となった。共同体は社会性のある鋭く豊かな感受性を保ちつつ、互いに協力すべきだったのに、多くの社会交流を行う部門間に橋がかからないままで終わった。これまでのような社会的に不感症な民主団体は真の民主団体とは言えない。

もし国家の仕事が共同体に奉仕することであれば、教会こそは国家の奉仕すべき共同生活のもといである。他の自由諸団体が励まされ、高められ、希望が持てるような共同生活の手本を教会は提供すべきである。教会には、その土台に神に対する忠誠心があるので、その賜物としての自由は決して譲り渡さない。またある特定の政治組織に対する忠誠心が、他のどんな組織よりも優先せねばならないとは認めない。それは目的と道具とを取り違えることになりかねないから。教会は社会的共同生活のための創造的影響力の中心となる唯一の組織とは言えない。労働者教育協会も重要である。しかし教会が上記のことができなかったとしたら、期待はずれの組織である。教会はその性質上自己閉鎖的ではありえず、織細な、思いやりの光を放つべき中心であり、共同体全体の霊的織細さを高めることこそがその仕事である。もちろん教会の仕事は個人の良心とかかわるが、それにもとづいて教会は、行政機構や経済法規にも活気を与える可能性がある。教会は民主生活に不可欠であり、民主主義の味方である。教会が民主共同体のためにできる働きは大きい。その独特の職分を国家機構をとおして実現可能にする。教会は民主国家を生かしうる職分を持っている。

第四章に入り著者は、自由な民主的な教会生活の経験者は、国家の諸活動により自己実現ができるかもしれないと考えるが、生き生きとした民主主義的な教会生活の長所はこれを国家にも適用できると考えて、民主社会的国家の可能性を探るとすると、それは過ちを犯すことになると指摘する。ここで著者は、教会生活に見られる民主概念と国家とを融合することはできないとする。そしてすでに述べられた法の機能についての二つの見解を再び述べる。その一つは権威主義国家の法の概念であり、他は自由主義国家のそれである。後者は前提として国家と社会とを区別する。その国家にも背後に強制力を持つ法があるが、その国家は社会の自由な生活を受け入れることを当然のこととして、その自由や自発性を生かし、助長し、その健全な成長を法や規制をとおして心がける。このような国家は強制力を用いて統制するが、なお社会の自発性を重んじ、それを生かす余地が残る。ボザンケは優れた哲学者だったが、結局は国家と社会とは、そこで「一般意思」が生きることになるのだから同じものとなりうると考えた。彼はその点では近代英国の理想主義の主流に追随する。T・H・グリーンさえも自由を尊重し、社会主義的にふるまう国家を重んずるあまり、自発的で自由な諸団体の代表といえる教会を無視しがちだった。彼の弟子たちも、国家の内包する危険を軽んじ、主権者である自由な民衆の意思は国家、その代表の政府の中に見出せると考えた。すると国家のみが一般大衆の総意を表すものとなり、社会の中の自由な諸団体の目ざす志は無視されることになる。

もちろんこれは誤っている。グリーンの「力ではなく意思が国家の基礎である」という言葉は美しいが、その言葉の推進者たちは意思に生命を吹き入れる機関と意思を無視する機関が別であることをしっかり把握せずに誤ったように思われる。国家、あるいはその政府が、社会の目的を具現する道具に過ぎなかったのに、その目的実現のための道具が、知らず知らずに影響力を持って、元来の目的を歪めることはよく起ることである。国家は法をとおして強制力を持つだけに、社会より自由を奪うことが起りうることをよく知り、警戒する必要がある。

一方民の意見を受け入れる討議と知識の道具である政党の中にも歪みが起っている。同時に政党はまた勢力獲得の道具であり、宣伝機関になりやすい性質があり、権力を所有すると人は堕落する。もし社会の中に生命を吹き入れる源泉が数多くなければ、国家機構が自由主義的で民主的であっても官僚政治となる。自由なキリスト教諸教会がその中に存在して始めて自由国家がありうるので、国家の中にそれがないとすれば、それは自由国家とは言えないだろう。自由国家は当然自由な諸教会を認めるはずである。

これ故にその当時の（一九三〇年代）ヨーロッパを見てもわかることは、国家の強制力は容易に自らを権力欲の道具とするので、文化的諸目的を歪める可能性を持つということである。これを免れるためには、独立していて権力欲を持たずただ真に文化的な目的のために存在する団体がどうしても必要である。根は深い所にあることを銘記したい。プラトンによると、国家を統治する人々は気高い生活を送る人々でなければならない。* そのため国家の統治者の仕事に携わるべき人の教育に必要なことは、永久不変なものに目覚めることを学ばせ、超越的善を会得できるようにすることであるという。著者はプラトンに根ざして恒久的不変的なものから目を離さないことが、科学、行為双方にとって重要であり、それにより変化する世界が始めて理解できるという。換言すればそれは普遍的なものによってだけ、経験的なものは理解できるということである。

プラトンの哲学における理想国家は、真の価値を理解する人々によって始めて支えられるので、その価値を理解する能力は経験的なものから目をそむけて永遠的なものを凝視することによって得られるものだった。

プラトンはもちろん民主主義者ではなかったし、その時代の民主主義もさまざまの価値を否定してまわったが、プラトンはその『国家論』の中でその中に住む人々の真の利益のために、ただ恒久的に価値あるものが理解されることによってもたらされる、権力闘争が克服された社会が建設されることによってのみ、理想国家ができると主張することで、キリスト教的民主主義の理論のための道を準備したと言える。

民主主義のキリスト教理念は人間の平等とさまざまな真の価値と基準の両方を認めるものである。それを実現し、維持しようとするのなら、不変の価値があるものに心を集中すべきである。キリスト教はその超越性の故に、民主主義とは相容れないという人々がいるが、それは愚かしい議論である。なぜなら神はこの世のすべての人を愛すればこそ、その独り子イエス・キリストを人として世に遣わ

＊　前掲『増補　民主主義の本質』一四八―一四九頁によると、リンゼイは、「プラトンは国家というものは、人生の目的や意義を正しく理解している人々によって統治されるまでは、その救いはありえないという考えを樹立した」と述べている。

したという「受肉の宗教」（訳注35参照）こそがキリスト教だからである。神の子が人となり、謙遜、従順そのものの生を送り、十字架上でなくなったことを通して、*高きにいます神その方こそが、経験的なものを助け、回復し、人の生の価値を高めるために行為されたことが示されている。自然的なものは霊的なものによって高められて始めて理解され価値あるものとされると言えるのである。

もちろん信仰者が完全な生活をするとは言えず、また教会も過誤を重ね続けてきている。それ故にこそキリストのメッセージに真実に応答することが最も必要とされている。キリスト教会の歴史は教会の犯した過ち（罪）とその矯正の歴史であると言える。

この講演は教会の社会奉仕とかかわっている。講演の題そのものが、キリスト教は民主主義という世俗的なことを忘れてはならないという警告である。一方われわれがもし、生命を吹き入れるその源**を忘れて日毎の社会奉仕の業だけに心を向けるとすれば、それもまた不当なことと言えよう。換言すればキリスト教の諸原則に忠実である時に始めて自由国家の中の自由諸教会の理想に忠実であると言える。教会が超越的なものに過度に注意を向け過ぎれば、国家が権力闘争の場になってもそれに関心を払わなくなるし、教会が経験的なものに片寄り過ぎて、本来の霊的使命を忘れれば、国家も生命がないところになって、両者とも単なる行政機構になる破目になる。

第五章において著者はまとめとして、最も具体的な当時の失業問題に取り組む国家と教会の姿を例にあげて説明をする。具体的であり、それだけに明解であるが、特にイギリスの教会の中のこの社会的難問題に対処する人々の中に溢れ出る真の生命と信仰の力に触れ得るように思うのは、訳者のみであろうか。著者は先ず現代の長期にわたる失業は、失業する個々人の問題、欠点によるものではなく、当然国家を始めとする公的援助が不可欠であることを述べる。著者によれば不況による失業が始まった数年間は、ただ行政機関の働きのみが問題とされがちだった。これはすべてがパンの問題に帰着すると感じられたということである。

ところが深い霊的配慮のできる教会人たちは、この失業者たちの最大の苦しみは霊的飢餓であり、そのたましいの健康を取り戻すことが最重要課題であることに気づいたのである。そこで、この失業者たちを親身になって配慮できるボランティアが諸教会へのアピールを通して募集され、それによって集まった人々の働きの結果大きな実りがあった。苦しむ失業者に対して国家のできる行政手段があるが、それ以上に諸教会に属する生命を真に愛するボランティアの働き場所があり、国家と自由諸教会の人々は協力して事に当たることができたのである。

ただここで著者は、質の低下した教会失業センターの例を引用する。すなわち、パンと娯楽があれ

---

* 新約聖書　ピリピ人への手紙二章1―11節参照。

** 「主なる神は土のちりで人を造り、命の息をその鼻に吹き入れられた。そこで人は生きた者となった」(創世記二章7節)が参考になる。ここの「息」(ルーアハ)は他に霊、風とも訳されることがある。

ば何とかうまく行くと考えた教会失業センターが多かったのである。もちろん信仰者に限らないが、教会に属する信徒は少なくとも、自らを犠牲にして人を救う道を選んだ神の子をとおして愛と憐れみの基本について教えられ、いわばそれを身につけた人々のはずである。そうだとすればトレルチの述べた「キリストに仕えるその持続する英雄的精神」はこの失業者たちに触れる信徒にもなくてならぬものである。要はキリストの心を持って奉仕の働きができるかどうかであると言えよう。

著者は、別の著書『二つの倫理』（*The Two Moralities, Our Duty to God and Society*, Eyre and Spottiswoode, 1940）の中で、完全を求める倫理について述べ、キリストに示された神の無限の愛に応えるものとして選び出された恵まれた人は、また無限の責任を負うと述べるが、その無限に高い倫理——イエスの述べた「山上の垂訓」と相応ずる精神に根ざしている——を目指して歩むことこそが、自由な教会の存立のために必要であり、それが自由な社会、さらに自由な国家への道を開くのだとする。最後に著者が引用している聖句は、われわれが地の塩とされていることを恩恵の出来事として受けているのか、あるいはそうでないのかという問題提起になっている。

訳者あとがき

最初に訳注（30）で記した労働者教育協会と関わると思われるオックスフォードのベイリオル・カレッジとリンゼイについて記したい。リンゼイはこのカレッジの学寮長になった時に、前任者A・L・スミスを記念してこのカレッジの礼拝堂で講話をした。[*] リンゼイの学寮長就任がきまった時、ある旧友は、前任者がやや冒険をし過ぎたから、昔風の穏やかなカレッジの伝統を踏襲してほしいとリンゼイに忠告した。[**] しかしリンゼイは、自分はスミスの伝統を受け継ぐと語り、マタイによる福音書一〇章39節の聖句「自分の生命を得ようとするものはそれを失う」を引用した。リンゼイが学寮長になった時友人であるチャールズ・ゴアやR・H・トーニーは驚き、かつ喜んだが、その後彼は二十五年間この職にあり、多大の影響を及ぼした。

＊　A. D. リンゼイ著、古賀敬太、藤井哲郎訳『オックスフォード・チャペル講話――デモクラシーの宗教的基盤』（聖学院大学出版会）二〇〇一年、一一一一九ページ参照。

＊＊　D. Scott, *A. D, Lindsay*, p. 104.

この講演で彼はベイリオル・カレッジが獲得している栄誉に安住することなく、キリストの心を心として外にも目を向けようとすすめたのであり、「だれでも人の上に立ちたいと思うなら、みな仕えるものとなりなさい」（ルカによる福音書二二章26節）という聖句を引用してカレッジのメンバーにこの聖句の趣旨を学ぶように求めている。著者はベイリオルのチャペルで再々聖書にもとづく講話をしたが、キリスト教自由教会が意味するものをこのカレッジにも重ね合わせて考えていたにちがいない。このベイリオルがあったからこそ、彼の労働者教育協会での働きがあったのであり、ウイリアム・テンプルもR・H・トーニーも等しくベイリオルの出身だったのである。その点でベイリオル・カレッジは著者の民主主義観と深く結びついていたと言えよう。

もう一つのベイリオル・カレッジでの講話「イエスの神性」をとり上げて考えてみたい。[*] これも『キリスト教諸教会とデモクラシー』を理解するために役立つ著者の民主思想、教会観、信仰について教えられるところがあるし、また講演の最後に著者が引用した聖句「あなたがたは地の塩である。しかしもし塩が味を失ったならば、何で味がつけられようか」（マタイによる福音書五章13節）を敷衍する内容であると思われるからである。

この講話の冒頭に引用されている聖句は次のとおりである。「あなたがたは、死者の中からこのキリストをよみがえらせて彼に栄光を与えた神を、キリストによって信ずる人々です」（ペテロの第一の手紙一章21節）。まず著者は、「キリストの神性」はキリスト教の中心であると述べる。続いて著者は、最初にキリストを知り、キリストの言葉を聞いた人々に起ったことを考え、この人々がキリストを通して神を信じたと記す。すなわちこの人々が出会ったキリストは、無力で金もなく、最後には恥ずべき死を経験したが、この人々はこの出会いが自分たちの力になったことを知った。そしてキリストはその苦難にも死にも勝ったのだと知り、このことの故に、神の力によってこの世に光が与えられたことを信じ、この世界はキリストによって支配されていると信じた。彼らの確信がその生きる力となった。ルカによる福音書七章22、23節によれば、イエスは無力な人々、病める人々、悲惨な人々のために力を尽くした。ついで著者はこのことが起ったことは「キリストの神性」の教義が正しいことを証ししていると言う。また著者は伝統の意味や、詳しい神学の説明、古くからの数多い教会組織から離れて、福音書が語るイエスの物語にじかに触れようと言い、大切なことは初期信徒ががじかに経験したことで彼らは力の源がキリストの中にあり、キリストに従うことはすなわち最も偉大な力に自分を明けわたすことだったと言う。これはゼーレン・キルケゴールがその日記の中で、「全能者に安心して自らを明けわたして自由を得る幸い」について書き記していることを思い出させる。彼らはキリストのその力は神より来たと信じたし、また後の信徒たちは、彼らがキリストの弟子たちの中に力といのちを見たので、神がキリストを復活させ、彼に栄光を与えたと信じたのだった。さらに彼ら自身

＊ 前掲、古賀、清水訳、『オックスフォード・チャペル講話』八四―九五頁参照。

も自分たちの中に同じ力があることを経験したのである。それ故に彼らもキリストを通して神を信ずるものとなったのである。リンゼイは言う。「キリストの神性を信ずるとは、キリストの生涯と死にまさる偉大なことは世界には存在しないということ、また世界を支えている力の本当の秘訣はキリストの中にあるということを信ずること」であると。

また著者はキリストが神の証人だったようにわれわれもそれぞれ、キリストの証人になれるし、なるべきであると言う。著者は、「たとえ無力で未熟であっても、その人々の社会生活を見れば、すべての人は兄弟であり、一人の父の子供であることが理解できるような人は、〈キリストのいのちにみたされた生活〉の秘訣を理解している」とも指摘する。そして読者に、あなたがたはその秘訣を会得していて、人々の心に訴えかけているだろうかと問う。

現代英国で数少ない唯物論者や反社会的な人々は、創造の出来事や、善意、自己犠牲や愛などは幻想にすぎないとするが、われわれの無関心や不信仰の故で幻滅と絶望へとこの人々を追いやったのではないかと著者はさらに自問する。人間生活の経済部門にもキリストの説いた愛にもとづく人間関係が必要であり、そのことが理解できないためにグループの間で猜疑心がわきあがり、衝突が避けられないと感じてしまうのである。

著者によれば、キリストが弟子とかわした約束の最大のものは、弟子の二人または三人がキリストの名で集う所にはキリストがそのただ中にいる〈マタイによる福音書一八章20節〉というものであり、著者はこの講話を次の言葉で締めくくっている。「もしキリストの教会が自ら告白する教義やキリストの約束を信じてその約束にもとづいて行動するならば、私たちの背後に神の力を持つことがどんなに素晴らしいことであるかを知ることになるはずですし、私たちの産業の諸関係や社会生活全般において神にある信仰と希望を持つことになるはずです」。

ここにはキリストを通して神によせる著者の信頼があらわされていて、読者にそれが伝わってくる。キルケゴールもそうだったと思うが、リンゼイも神の全能と善と全き愛とを信じ、受け入れており、しかも新約聖書に記されているイエス・キリストを通してその神は教えられているのである。著者の示す神の愛は人間社会すべてを包み、全世界を覆う。著者自身が実にキリストの力の体験者であり、新生者であったと言えよう。

リンゼイが同時代に生きたエーミル・ブルンナーと直接の知己であったかどうかはあきらかではない。ただ一九四四年にロンドンで発行された『教会の危機』（*The Predicament of the Church*, Lutterworth Press, London）という論文集に両者ともに寄稿しているので、両者はともども共通の問題に取り組んだことは明瞭である。

ブルンナー（一八八九—一九六六）は弁証法神学者として著名であるが、最初の神学的著作を著わした前後に英国に渡り、英国のキリスト教労働運動に触れ、後に労働党出身の首相となったラムゼイ・マクドナルドや労働党政府の大蔵大臣となったフィリップ・スノーデンに会い、労働運動の実際を学んだ。* またブルンナーはバルトとともにヘルマン・クッター、クリストフ・ブルムハルトをとおして聖書的な人格的な生ける神に直面させられたが、この二人は熱心な信仰者であったと同時に、スイス宗教社会主義の創設者でもあったのである。もう一人のブルンナーの師L・ラガツもスイス改革派の牧師であり、キリスト教社会主義者であった。一方ブルンナーは書物をとしてキルケゴールから深い影響を受けているし、またマルティン・ブーバー著『我と汝』から学んだ。

ブルンナーには小著であるが『出会いとしての真理』(Wahrheit als Begegnung)という優れた書物がある。** よく知られていることであるが、この書物の中で著者は旧約聖書、創世記一章27節にある「神は自分のかたちに人を創造された」を重視し、このことの故に人間の人格の尊厳があると述べ、人に自由意思が付与されていると述べる。一方リンゼイは『わたしはデモクラシーを信じる』の中で次のように述べている。「デモクラシーでは、人間として、人格として、道徳的存在として、人間が共通に持っているものが重要なのであって、このことに比べれば、個人個人のいかに明らかな違いといえども、取るに足りないことだと考えられているのです。人間平等の教理は、本来宗教にもとづいて言われたことです。――中略――それは西洋の世界ではストア学者によって初めて言われましたが、実はキリスト教の偉大な教えであったのです***」。ブルンナーもリンゼイも民主主義にとって不可欠な土台と言える人格尊重の考え方はキリスト教の信仰に根ざしていることを指摘しているのである。

日本で民主主義が論ぜられる場合にも、人は当然のように、それぞれの人格は尊重されるべきであると言う。例えば福田歓一氏も、その『近代民主主義とその展望』（岩波書店、一九七七）の中で、「ただこの民主主義に根本的な一つの特徴、ほかに求めがたい長所があるとすれば、それのみが、人間が政治生活を営むうえに、人間の尊厳と両立するという一点であります」（二〇八頁）と記している。ただブルンナーは一層明確に、キリスト教のみが「人格的出会い」をその救いの中核とする宗教であり、人はキリストを通して神と出会って始めて応答すべく呼び出されている人格であることに気づき、また他の人格も同じ人格として貴ぶべきであることを知るのであると主張する。その点でリンゼイも、先程引用した文中にもあったし、他の箇所でも再々述べているが、人の平等の教理の土台として、人は一人の父である神の子たちだからこそ、さまざまな違いがあるにもかかわらず、等しくかけがえなく貴いと明言するのである。しかもリンゼイは、信念あるいは信仰とも言えることとして、「人間は等しく兄弟愛に結ばれた仲間なのです」とさえ記すのである。

＊　大木英夫「ブルンナー神学の特質と意義」、中沢治樹、川田殖編『日本におけるブルンナー』（新教出版社）一九七四年、二八一―二八五頁参照。

＊＊　邦訳がある。弓削達訳『聖書の「真理」の性格――出会いとしての真理』（日本基督教青年会同盟）一九五〇年。

＊＊＊　永岡薫、山本俊樹、佐野正子訳『わたしはデモクラシーを信じる』（聖学院大学出版会）二〇〇一年、一九頁参照。

しかもリンゼイもブルンナーもともども人格の出会いを中心とする自由な人格共同体を重んじ、それを育成することを旨とした。しかも両者ともにこの世界の中でまず教会を重んじたが、その枠に縛られることなく、キリストの福音に土台を置きつつ、広い意味の社会的実践と取り組んだのである。個人的学問的真理を重んじながら、その真理がさし示すままに、実践的行動に打ちこんだのである。個人的なことを一言つけ加えることを許していただきたいと思うが、一九五三年にチューリッヒ大学の職を投げうってブルンナーが国際基督教大学教授として来日したときに、平信徒伝道について教えを受けたものの一人として、ブルンナーのその献身的実践について新しく感謝をもって想起せざるをえないのである。*

周知のようにリンゼイは真の民主主義の起源を十七世紀の英国のピューリタンの集会の中に見た。他方『キリスト教諸教会とデモクラシー』の中には引用されていないが、リンゼイがその著書の中で、ジョン・バニヤンに言及している文章は多い。特に著者はバニヤンの『天路歴程』(*The Pilgrim's Progress*)を愛読したようでこの書物からの引用等が多い。ここで著者の目指したものとの関わりでバニヤンについて考え、民主主義の生長の一例として、また教会とのかかわりについて記したい。

ドルシラ・スコット氏はその父の伝記の中で幅広いリンゼイの読書について述べているが、バニヤンの著作の中では『天路歴程』をあげているだけである。しかし『オックスフォード・チャペル講話』の中だけでも少なくとも四か所この書物についての言及があり、引用もある。また渡辺雅弘氏もリンゼイ著『自由の精神』の中の「訳者あとがき」の中でリンゼイがバニヤンに対して親近感を持っていたことについて触れておられる。(一六五、一七五頁)

また永岡薫氏は「マックス・ウェーバーのピューリタニズム理解についての一考察**」という論文の中で、ウェーバーが『天路歴程』の第一部のはじめの主人公クリスチャンの中にピューリタニズムの鍵を見たのであり、妻子を捨てて故郷の町から走り出る主人公の中に、非人間性と、叉ただ自分の救いのみを考える「内面的孤独性」を見てとったことを記す。しかし永岡氏も論ずるように、この主人公は「滅びの町」から走り出す前には、妻子ともども町を出たいと懸命につとめる人間性を持っていたのである。著者バニヤン自身一六六〇年の王政回復の年に国教会に復帰しないで説教を続けたために、逮捕されて十二年間牢獄にいたが、その際あとに残してゆく肉親の上を切々と思いやって苦悩したことがその霊的自伝『恩寵溢る』に明らかに示されている。

もちろんバニヤンはピューリタンの一人として、ジュネーヴのカルヴィニズムの影響を受けているが、永岡氏も指摘するように信仰義認に関しては、ルターの『ガラテヤ書注解』から大きな影響を受け、自分の心の書とも記している。ウェーバーは、バニヤンを「厳格なカルヴァン派的バプテスト」

---

* 拙稿「平信徒伝道者のためのバイブルクラス」『日本におけるブルンナー』所収。三七一—三七五頁を参照されたい。

** 滋賀大学教育学部紀要第一六号(一九六六年)七三—八四頁参照。

と解するが、バニヤンは厳格派（particular）に属するバプテストではあったが、その中で開放聖餐（open communion）派と呼ばれる人々の中に入っていて驚くほど自由で宏量なところがあった。時にバニヤンは、ピューリタンであることを止めてしまったピューリタンと言われるほどだったのである。*

この点で永岡氏は、ウェーバーのバニヤン理解が不十分だったことを端的に指摘する。バニヤンの『恩寵溢る』はバニヤンのキリストとの出会いによる回心また新生体験が見事に記されている古典であるが、これは獄中で過去を想起して書いたものであり、またその点では『天路歴程』もバニヤン自身が以前に体得したその救いの体験と、示された人生の目標とを獄中で回想しつつ書き出した書物である。

『天路歴程』第一部、第二部を通して読めば、第一部の主人公クリスチャンも第二部の主人公でクリスチャンの妻であったクリスティアーナやその一行の旅を通して著者バニヤンがどんなに人間味豊かで、思いやりに富み、音楽を愛し、交わりの喜びを知った人であるかがよく理解できるのである。もちろんリンゼイが指摘するように主人公クリスチャンは十字架を仰いで罪の重荷を取り去られたあとで、ベウラ（幸福）の地に入る前にアポルオンと戦い、また死の陰の谷を通らねばならなかったのだし、** その道は確かに厳しく孤独な点が多いが、また一方折々に慰めの場所があり、第一部だけでも途中から「忠実者」（Faithful）次には「待望者」（Hopeful）と同行するし、天の都の門の中に迎え入れられる時には勝利の印の王冠を頭にいただいた多くの人々が彼を迎えるのである。『天路歴程』第一部、第二部とも旅人たちが徐々に勝利と喜ばしい交わりとを得て行くことが生々と記されている。この点ではやはり永岡氏が論ずるとおり、ウェーバーの理解は不十分だったと言えよう。

バニヤンは一兵士として議会軍に所属し約二年、ニューポート・パグネルに駐留した。実戦の経験はなかったが、その軍隊の中でいわばピューリタニズムの熱気に触れ、同僚や指導者たちと討論しながらその人々からも感化を受けたことは十分想像できる。除隊後二十歳そこそこで結婚して、その妻が敬虔なキリスト信徒の娘だったことも幸いしたと言えるが、この兵士としての経験がバニヤンの心の中に深く留まり、次第にバニヤンを真の求道者にしたと思われる。そして『恩寵溢る』に記されているように、ベッドフォードのジョン・ギフォードの民主的な集会——そこでは男子の数以上に、喜びと確信にみちた女性たちが多くいた——に連なりその小集会の中で育てられて入獄前から説教者の仕事をしはじめたのであった。その点でバニヤンには入信の初期からいわゆる「草の根」型民主主義の理想とも言える小集会との出会いがあったし、リンゼイの言う「集いの意識」や「共同思考」の経験が与えられた。それが今日まで続くバニヤン・ミーティング・自由教会（Bunyan Meeting Free Church）としてベッドフォードの町で、またイングランド全体の中でも重きをなしているのである。

＊　拙著『バニヤンとその周辺——英文学とキリスト教』（待晨堂）一九九二年。一五頁参照。
＊＊　前掲『オックスフォード・チャペル講話』、一三三頁参照。

バニヤンは一六七二年に出獄する以前からギフォードのあとを受けつぐ牧師また同時に長老の一人に選ばれていた。そして他の長老たちに助けられつつ共にベッドフォードの教会を育て上げ、かたわら周辺のいくつかの州にいわば複数の子ども教会を造り、乗りものとしては馬を用いつつロンドンにも度々説教に赴いたのである。幸いにこの初期のベッドフォード教会については詳しい記録がある。*われわれはこの教会にリンゼイの念頭にあった十七世紀英国の自由諸教会の典型的な一例を見ることができるように思う。バニヤン自身元来は鋳かけ屋であったし、いわゆる一介の労働者であったが、同じ庶民の人々に自分の体験を通して福音を語った時に、それがこの人々の心を打ったのである。最初の一巻もののバニヤン全集を編集したチャールズ・ドウは、バニヤンの説教があると案内が出されると、それを聞きに会堂に入りきれない人々がやってきたと記している。**

クリストファ・ヒルによれば、英国では今でもその国教会はイングランド中に教区を持っている。従ってそれは自然拡散した形となり、庭園にはなれない。一方ポール・ホブソンによると、十七世紀の英国の自由教会は囲いのある庭園であり、小さいが手がゆきとどき、独特の良い実を結んだということである（C・ヒル、同、五三―五五頁）。ヒルはこのホブソンの考えをバニヤンはさらに押し進めたと述べている。バニヤンはギフォードの集会での交わりからエキュメニズムの重要性を学んでいた。バニヤンによると信徒は庭師が植えた所に立ち、育つ庭園の中の花のようなものである。互いに助け励ましあい、特に弱いメンバーたちに対する配慮が強調されている。これは『天路歴程』第二部を読み特に感じさせられることである。

その後バニヤンは一六八二年に『聖戦』（*The Holy War*）を出版したが、これはマコーリーが、もし『天路歴程』が書かれなかったら、第一の宗教的寓意物語と評価されるだろうと記した作品である。バニヤンは英国のそとに出たことは一度もなく、出獄後非国教徒の集会の牧師として当然集会の運営に努力したが、ベッドフォードの町そのものにも、又イングランド全体にも大きな関心を抱き、その幸いを切に願った。ところが『聖戦』執筆中の一六八一年にチャールズ二世は第四議会を召集したが、これをも一週間後に解散して議会と憲法を無視した。また同じ年に彼は自治市町村の体質を変えて議会の支配権を自分の手に握ろうと、自治体に新しい憲章を押しつけ始めた。

ベッドフォードの町の民主社会も王権により大いに脅かされたのである。『聖戦』を書きつつバニヤンは町の将来と国の行く手を憂えた。『聖戦』に出るマンソウル（Mansoul）の町はベッドフォードを映し出し、またひろくはイングランドを映し出している。王政回復前後にピューリタンとなった

＊ H. G. Tibbutt (ed.), *The Minutes of the First Independent Church* (*now Bunyan Meeting*) *at Bedford, 1656–1766* (PBHRS, 1976).

＊＊ Christopher Hill, *A Turbulent, Seditious and Factious People-John Bunyan and his Church. 1628–1688*, Clarendon Press, Oxford, 1988, p. 149. なおクリストファ・ヒルはベイリオル・カレッジにおけるリンゼイの愛弟子の一人であり、のちにこのカレッジの学寮長になった。リンゼイの優れた理解者の一人でもある。

バニヤンは王に反逆はできなかったが、そのとった態度は「受動的抵抗」(passive resistance)であった。その集会と町を守るための厳しい戦いをバニヤンは『聖戦』をとおして暗示的にではあるが見事に記している。一六八五年には再逮捕を覚悟して、妻エリザベスに持てるすべてを譲る旨をしるした遺書を書いたのであった。バニヤンの教会とベッドフォードの民主共同体はそのような戦いの中で守られつつ一六八八年の名誉革命を迎えたのである。英国史や特に十七世紀のイングランドの歴史に詳しいリンゼイにとって、このバニヤンに関わる出来事はその他のピューリタン指導者たちの事例とともに、その民主主義と教会との関係を考える上で大きな参考になったと思われる。

バニヤンの生きた十七世紀のイングランドと現代国家群の存在する今の世界とは大いに異なることは当然である。このリンゼイの著書が出版された六年後にリンゼイは「わたしはデモクラシーを信じる」(I Believe in Democracy)のBBCを通しての講演をすることになったが、この講演が始まった時はドイツとの宥和政策と前年に始まった第二次世界大戦の初期の失敗のために失脚したネヴィル・チェンバレンに代わってウインストン・チャーチルが首相になって、有名な、自分は、「血と労苦と涙と汗とを英国民に提供することができるだけ」という演説をした同じ月のことであり、リンゼイもいわば生命をかけるような思いでこの、国の存亡にかかわる講演を引き受けたのではないかと考えられる。

しかしもちろんリンゼイの口調は平素と変らず静かで確信にみちたものだったに違いない。第一回の講演をも、静かに民主主義の原則について繰り返してこれを締めくくっている。「デモクラシーは社会の理論です。政治の本質についてのデモクラシー的見解は、民主的社会における政治の役割についての見解から出てくるのであります。自由な民主的社会は、自由な自発的な団体、つまり教会や職業組合や大学やその他あらゆる種類の団体の存在する社会を理想としています。わたしたちは、政府が社会のすべての権力と利益と目的とを奪い取ろうとするのを見過ごすわけにはまいりません。なぜなら国家は社会から略奪するためにあるのではなく、社会に奉仕するためにあるということが、デモクラシーの最も本質的な信仰であるからです。デモクラシーの根本原理に照らしてみて、初めてわたしたちはデモクラシーの理想を理解できるのです*」。

一方これに続く第二講の末尾には次のような言葉がある。「デモクラシーには固定した型というものはありません。民主的社会は確かに方法に於いては、無限に順応性に富んでいるはずです。民主的社会は、非常時には政府の手に多大な権力を与えることもできます。それは、危機を乗り越えればその権力はまた取り戻され得ると心から信頼しているからです。わたしたちはつい先週それを経験いたしました。わたしたちがあのように落ち着いて、確信をもってそれを行ったというこ**とは、わたしした

* 前掲『わたしはデモクラシーを信じる』一五頁参照。
** いわゆる「ダンケルクの奇跡」といわれる英軍のダンケルクよりの撤退。

ちのデモクラシーに対する信頼の弱さを示すものではなく、むしろ強さを示していることなのであります」*。これはまさに英国の危急存亡の時であり、著者は民主国家の英国民は一旦緩急のときには、すべてを国家に託し、国全体がまとまって力を発揮できる民である。しかしそれは危機が過ぎれば政府に委ねたその力を再び民主社会自身のものとして取り戻せると信頼できるからである、と言う。福田歓一氏はかつて民主主義に関して、「二十世紀はある意味では近代民主主義の原理的なものが自己を貫徹して行く時代であります」と述べた（前掲書二〇六頁）。リンゼイの民主主義論はまさにこの近代民主主義の原理の土台の上にしっかり立つことを生命がけで志しているものと言える。

リンゼイの父トマスは教会史家として著名な人であるが、一八六九年からスコットランド自由教会の牧師となり、その後グラスゴー神学校で教え、校長になった。リンゼイはこの父の影響で自由教会の雰囲気の中で育ったからこそ、十七世紀イングランドの自由諸教会が真に理解できたのであり、その根幹をなしている生命の福音が近代民主主義の源となったピューリタンたちの中にあったことを見出し、また確信したのであった。その福音は言うまでもなく、すべての人に対して向けられている神の愛と善と恩恵であり、それはすなわち、万人のために神意を体して自らの生命を犠牲にした主イエスの愛に起因し、結実している。

これを思えば、著者が「わたしはデモクラシーを信じる」と言う時、やや漠とした表現で述べれば、神の恵みの賜物である民主主義社会を守るためには生命を捨てることも辞さないという意味で語っていることが理解できる。真の民主社会のみが人に自由と平等を約束し、すべての人の人格の尊厳を認めるのである。何があっても他の種類の社会にはそれがない。著者によれば、民主主義社会は人がそのためには喜んで死ぬことができる値打がある。

その民主主義社会のある所に、初めて民主国家ができるし、その逆ではない。主イエスは有名な「善きサマリヤ人」のたとえ話（ルカによる福音書一〇章29―37節）を述べたが、法の基準を超える隣人愛の倫理は、はじめてこの民主主義社会で可能になり、又この社会のメンバーは実に更に完全を求め続けることが要請されている。逆説的に響くかもしれないが、リンゼイの民主主義論は著者自身の積極的人生観――神の愛と全能に信頼する楽観主義――が土台にある。著者はイエスが力であり、すでに勝利を得たと確信し、すべては主イエスの支配下にあることを信じた。そして、主イエスのように、全身全霊で神を愛することを切に願ったと思われる。

最後にもう一度エーミル・ブルンナーについて言及したい。ブルンナーは一九五三年にチューリヒ大学の職を投げうって、国際基督教大学の教授として来日した折、すでに著名な神学者であったが、再々、自分は神学者としてではなく、ひとりの福音伝道者としてきた、と口にした。

＊『わたしはデモクラシーを信じる』二四頁参照。

二年後の一九五五年六月一二日に日比谷公会堂で離日前の最後の講演*が行われたが、その中で、日本人はそのたましいの空虚を満たし、それを癒す必要があり、そのためには一九世紀後半のいわゆる実証主義以降の西欧文明でなく、西欧文明の根であり、真の人格の尊厳の理念の土台であるキリストの福音を受け入れ、それにもとづく民主主義国となることがどうしても必要であると力説した。政治的形態としてならば、則ち科学的、技術的方法による民主主義ならば他からこれを学べるし、日本はそのように歩んできているが、民主主義が形だけ整っても、その土台の精神が中で生きていなければ、民主主義は生れ得ないし、民主主義の精神的土台は歴史的にも哲学的にも自由で責任の主体である人格というキリスト教理念にあると述べ、「民主主義の理念はキリスト教の果実である。」と指摘した。**そして最後には日本人には忠誠心という特性がある。その忠誠心を全能で愛である創造と恵みの主に捧げてほしいと願い、祈ったのである。

今年は、戦後民主主義六十年と言われる年である。世界の中で日本は、いわゆる民主主義国と言われているかもしれないが、その実質がいかに心もとないかは多くの識者がすでに気づいている。しかし、ここで、改めてリンゼイの指し示す民主主義の原理、原則を思いかえす時に、それは日本を含め世界の将来に大いなる希望の光を与え続けることを信じないではいられない。

最後に本書の出版のために尽力された聖学院大学出版会の山本俊明氏に対して心からの謝意を表したい。

（二〇〇五年一二月）

＊　前掲『日本におけるブルンナー』一四七―一五四頁参照。

＊＊　エーミル・ブルンナー著、斉藤勇一訳、川田殖補訂、「社会における正義と自由」（一九五四―五五年）。熊澤義宣、川田殖編『ブルンナー著作集第6巻　倫理・社会論等』所収（教文館）一九九六、一七七頁参照。

山本　俊樹　やまもと・としき

1930年生。国際基督教大学大学院修士課程終了。1974-76年、成蹊大学在外研究員（ケンブリッジ大学）。現在、恵泉女学園大学名誉教授。

〔著書〕『イギリス文学と信仰』（待晨堂、1989）、『バニヤンとその周辺』（待晨堂、1992）、『イギリス革命におけるミルトンとバニヤン』（共著・御茶の水書房、1991年）、『イギリス・デモクラシーの擁護者 A.D. リンゼイ――その人と思想』（共著・聖学院大学出版会、1998年）ほか。

大澤　麦　おおさわ・むぎ

1963年生まれ。慶応義塾大学法学部政治学科卒。明治学院大学大学院法学研究科博士課程後期課程修了。法学博士。聖学院大学総合研究所助教授をへて現在、首都大学東京都市教養学部法学系教授。

〔著書〕『自然権としてのプロパティ――イングランド革命における急進主義政治思想の展開』（成文堂・1995年）、『イギリス・デモクラシーの擁護者A・D・リンゼイ――その人と思想』（共著・聖学院大学出版会・1998年）。

〔訳書〕『デモクラシーにおける討論の生誕――ピューリタン革命におけるパトニー討論』（共訳・聖学院大学出版会・1999年）。

キリスト教諸教会とデモクラシー

2006年２月10日　初版第１刷発行

訳　者　山本俊樹
　　　　大澤　麦
発行者　大木英夫
発行所　聖学院大学出版会

〒362-8585　埼玉県上尾市戸崎１－１
電話048（725）9801
Fax.048（725）0324
E-mail: press@seigakuin-univ.ac.jp

印刷・堀内印刷
ISBN 4-915832-64-3　C 1331

A. D. リンゼイ著作シリーズ

アーネスト・バーカーと並ぶ現代イギリスの政治学者，道徳哲学者，アレキサンダー・ダンロップ・リンゼイの近代デモクラシーとキリスト教の関わりを論じた主要著作を翻訳し，「著作シリーズ」として出版する。

永岡薫・山本俊樹・佐野正子 訳

①私はデモクラシーを信じる

四六判　152頁　2520円
4-915832-36-8（2001）

「民主主義の本質」などで知られる英国の政治哲学者 A. D. リンゼイが BBC 放送にて発表したデモクラシー論の他に，トレレーション，個人主義に関する論文を加えた。本書のメッセージは，われわれにデモクラシーへの確信をいつまでも色あせることなく堅くさせる。

古賀敬太・藤井哲郎 訳

②オックスフォード・チャペル講話

―デモクラシーの宗教的基盤―

四六判　248頁　3570円
4-915832-37-6（2001）

「民主主義の本質」などの著作で知られる A. D. リンゼイはオックスフォード大学副総長，ベイリオル・カレッジ学長をつとめたが，本書はオックスフォードにおける講話を集めたもので，リンゼイの政治哲学の根本にあるものが示されている。現代社会への鋭い問いかけがある。1. 宗教的真理の性格，2. 善良な人と利口な人，3. パウロとキルケゴール，など。

山本俊樹・大澤麦 訳

③キリスト教諸教会とデモクラシー

四六判　128頁　1680円
4-915832-64-3（2005）

ナチスの台頭という時代状況の中で，古代ギリシャから16，17世紀のプロテスタンティズムとヒューマニズムの抗争過程を論じる。ピューリタン革命の中に生まれた「集いの意識」や「共同思考」「討論」によってこそ，批判可能な「公的空間」が形成され，「人々が非合理で感覚的な大衆プロパガンダから自由であることが可能になる」ことを指摘している。

田中豊治・井上昌保 訳

④キリスト教と経済学

本書は，オックスフォード大学の「ホラント記念講演」として，R. H. トーニーの「宗教と資本主義の興隆」を受けて講演されたものである。著者は，トーニーの問題意識を継承しつつ，現代における資本主義が機構的に生み出した「人間疎外」の問題に対して，キリスト教的な社会理念に基づく解答を提示している。